+ 똑똑한 파이썬은?

- 목적
  - 초·중·고 학생의 파이썬 독학을 위한 책
  - 부모님과 자녀가 함께 코딩을 공부하는 책
  - 학교와 학원 등 교육기관의 코딩 수업에 적합한 책

- 특징
  - 쉽고 재미있는 예제가 많아 즐겁게 코딩을 공부할 수 있습니다.
  - 코딩을 공부하면 논리력과 문제 해결 능력을 향상시킬 수 있습니다.
  - 파이온 실습(pyon.kr) 플랫폼과 병행하여 공부할 수 있습니다.

PYTHON

쉽고 재미있게, 예제로 시작하는 파이썬

"똑똑한 파이썬"

황재호 황예린 지음

개정3판

온라인 실습(pyon.kr) 병행 + 유익한 예제 다수 수록

인포앤북

똑똑한 파이썬 [개정3판]
쉽고 재미있게, 예제로 시작하는 파이썬

초판 : 2025년 11월 1일
지은이 황재호 황예린
펴낸곳 인포앤북(주) I 전화 031-307-3141 I 팩스 070-7966-0703
　　　경기도 용인시 수지구 풍덕천로 89 상가 가동 103호
등록 제2019-000042호 I ISBN 979-11-92038-08-7
가격 22,000원 I 페이지 368쪽 I 책 규격 182 mm x 235 mm

이 책에 대한 오탈자나 의견은 저자 홈페이지나 이메일로 알려주세요.
잘못된 책은 구입하신 서점에서 교환해 드립니다.

인포앤북(주) https://infonbook.com I 이메일 book@infonbook.com
파이온 https://pyon.kr I 이메일 goldmont@naver.com

Published by Infonbook Inc. Printed in Korea
Copyright ⓒ 2025 Jae Ho Hwang·Yerin Hwang & Infonbook Inc.
이 책의 저작권은 황재호·황예린과 인포앤북(주)에 있습니다.
저작권 법에 의해 보호를 받는 저작물이므로 무단 복제 및 무단 전제를 금합니다.

문의 사항은 홈페이지나 이메일을 이용해 주세요.

독자 후기
코딩이 처음인 아이들에게 이 책을 추천합니다!

안영미
중학교 정보교사

초등학교에서 블록코딩으로 알고리즘의 기초를 배우고 난 후 텍스트 코딩 단계에 들어서면서 아이들이 어려워하는 면이 있는데 이 책은 예제가 쉽고 재미있게 구성되어 있어 학생들이 즐겁게 공부할 수 있을 것 같아요. 내용이 단계별로 잘 짜여 있어 학습 동기를 부여하는 데도 큰 효과가 있을 것 같습니다. 프로그래밍에 대한 기초가 없어도 자유 학기 시간이나 자율 동아리를 통해 프로그래밍을 배우려는 중학생들에게 아주 좋은 교재인 것 같습니다.

아이는 중학교에서 코딩을 배우고 있는데 컴퓨터에 대해 잘 모르는 제가 우연한 기회에 이 책을 접하게 되었습니다. 코딩에 대한 지식과 정보를 얻기 어려운 엄마 입장에서 이 책을 읽어보니 아이가 재미있게 코딩을 공부할 수 있겠단 생각이 들었습니다. 실습 위주의 구성과 귀여운 동물 일러스트들이 있는 책의 편집도 맘에 듭니다. 저와 같이 자녀의 코딩 공부에 고민 중인 학부모님께 이 책을 추천합니다.

최진영
중학생 학부모

김선미
초등생 학부모

엄마와 아이가 함께 배우기에 적합한 교재를 찾고 계시다면 이 책을 추천합니다. 저자가 운영하는 코딩스쿨 사이트를 통해 공부하다가 막히는 부분에 대한 피드백을 받아볼 수 있는 것도 좋은 것 같아요. 학교에서도 의무 교육으로 코딩을 배울 수 있다고 하지만, 이 책을 통해 기초를 단단히 하여 컴퓨터 언어에 대한 흥미가 더해진다면 더 나은 학습 효과를 기대할 수 있을 것입니다.

파이썬을 가르치기 위해 여러 교재를 보고 고민을 했지만 이 책은 프로그래밍 진행 과정과 알고리즘들을 보기 쉽게 시각화하는 설명들이 많고 다양한 예제들이 있어서 학생들이 쉽게 이해할 것 같습니다. 파이썬을 처음 접하는 학생들이 재미있게 코딩을 공부할 수 있을 것으로 생각되어 파이썬 코딩과 알고리즘을 강의하고자 하는 선생님들께 이 교재를 추천합니다.

노재형
학원 교사

책의 학습 방법

1 코딩 학습은 반드시 컴퓨터로 실습하면서 해주세요!
2 학습 순서
　　기본 문법 → 예제 실습 → 복습 퀴즈 → 연습 문제
3 질문은 파이온 홈페이지의 파이온 톡으로 해주세요!

책의 예제 소스 + 연습문제 정답 파일

이 책의 모든 예제 소스와 연습문제 정답 파일은 인포앤북(또는 파이온) 홈페이지에서 다운로드 받을 수 있어요.

| 인포앤북 | infonbook.com |
| 파이온 | pyon.kr |

저자의 글

2021년 개정판을 출간한 이후, 부족한 점에도 불구하고 많은 독자분들의 사랑과 성원을 받았습니다. 그동안 학교 수업, 학원 강의, 그리고 가정에서 부모님과 자녀가 함께 공부하는 교재로 이 책을 활용해 주신 분들께 진심으로 감사드립니다.

이번 개정3판에서는 그동안의 피드백을 반영하여 전반적인 내용을 더욱 다듬고, 아이들에게 친숙한 일러스트와 편집 디자인을 유지하면서도 60여 개의 새로운 예제를 추가하였습니다. 이를 통해 파이썬의 기초 개념을 더 쉽고 재미있게 익히고, 스스로 응용할 수 있는 힘을 기를 수 있도록 구성했습니다.

특히, '예제 중심의 학습'이라는 기존의 방향성을 그대로 유지하면서 각 장마다 난이도를 세분화하였고, 쉬운 수학 문제들을 많이 포함시켰습니다. 또한 파이썬 실습 플랫폼 파이온(pyon.kr)과 연계하여, 파이썬 퀴즈 문제 풀이를 통하여 온라인에서 복습과 예습을 할 수 있도록 했습니다.

이 책이 파이썬을 처음 배우는 어린이와 청소년들에게 '코딩은 어렵지 않다'는 자신감을 심어주고, 논리적 사고와 문제 해결력을 키우는 즐거운 출발점이 되기를 바랍니다.

파이썬을 공부하며 느꼈던 즐거움이 여러분에게도 고스란히 전달되기를 바라며, 늘 응원과 격려를 보내주신 모든 독자 여러분께 다시 한 번 감사의 말씀을 드립니다.

2025년 가을

황재호 · 황예린

목차

1장 파이썬과 실습 준비 … 19

01 파이썬이란? … 20
1. 코딩이란? … 20
2. 프로그래밍 언어 … 20
3. 파이썬 언어 … 20
4. 왜 파이썬으로 코딩을 시작해야 하는가? … 21

02 파이썬 프로그램 설치 … 22
1. 파이썬 사이트 접속하기 … 22
2. 파이썬 프로그램 다운로드 화면 … 23
3. 파이썬 설치 파일 실행 … 24
4. 파이썬 설치 시작 … 24
5. 파이썬 설치 완료 … 25
6. 파이썬 설치 확인하기 … 25

연습문제 … 29

2장 IDLE 프로그램 사용법   31

01 IDLE이란?   32
02 IDLE 쉘 사용법   33
03 IDLE 에디터 사용법   37
    ❶ IDLE 에디터 창 열기   37
    ❷ IDLE 에디터에서 프로그램 작성/저장/실행하기   39

    연습문제   45

3장 변수   47

01 변수란?   48
02 변수의 데이터 형   51
    ❶ 정수   51
    ❷ 실수   51
    ❸ 불리언   52
    ❹ 문자열   54
03 변수 이름   57
    연습문제   59

4장 연산자　　　　　　　　　　　　　　　　61

- **01**　산술 연산자　　　　　　　　　　　　　　62
  - ① 사칙 연산자　　　　　　　　　　　　　62
  - ② 거듭제곱 연산자　　　　　　　　　　　64
  - ③ 나머지 연산자　　　　　　　　　　　　66
- **02**　대입 연산자　　　　　　　　　　　　　　68
- **03**　문자열 연산자　　　　　　　　　　　　　72
  - ① 연결 연산자 : +　　　　　　　　　　　72
  - ② 반복 연산자 : *　　　　　　　　　　　73
- **04**　문자열 추출과 길이　　　　　　　　　　75
  - ① 문자열의 추출　　　　　　　　　　　　75
  - ② 문자열 길이 구하기　　　　　　　　　77
- **연습문제**　　　　　　　　　　　　　　　　　80

5장 입력과 출력 83

01 키보드 입력하기 84
  ❶ 문자열 입력하기 84
  ❷ 정수 입력하기 85

02 화면 출력하기 88
  ❶ 기본적인 print() 함수 사용법 88
  ❷ sep을 이용한 출력 89
  ❸ 연결 연산자 +를 이용한 출력 92
  ❹ %를 이용한 출력 94
  ❺ f를 이용한 출력 98

  연습문제 100

6장 기초 코딩 : 도형넓이·단위환산·거스름돈 103

01 도형 넓이 구하기 104
  ❶ 삼각형의 넓이 구하기 104
  ❷ 원의 넓이 구하기 108
  ❸ 사다리꼴의 넓이 구하기 109

02 단위 환산하기 112
  ❶ 인치를 센티미터로 변환 112
  ❷ 킬로그램을 파운드로 변환 114
  ❸ 화씨를 섭씨로 변환 115

03 거스름돈 계산하기 118

  연습문제 120

7장 조건문 : if~ 구문　　　　　　　　　　　　123

01	조건문이란?	124
02	비교 연산자와 논리 연산자	129
	❶ 비교 연산자	129
	❷ 논리 연산자	133
03	if~ 구문	140
	❶ if~ 구문의 기본 구조	140
	❷ 조건문에서 들여쓰기	141
	❸ 가장 작은 수 찾기	142
04	키 큰 사람 찾기	146
	연습문제	152

8장 조건문 : if~ else~ 구문　　　　　　　　　　157

01	if~ else~ 구문의 기본 구조	158
02	짝수/홀수 판별하기	162
03	합격/불합격 판정하기	166
	연습문제	172

9장　조건문 : if~ elif~ else~ 구문　　　175

01　if~ elif~ else~ 구문의 기본 구조　　　176
　　🔳 월에 존재하는 일수 계산하기　　　178
　　🔳 등급(A, B, C, D, F) 판정하기　　　180

02　할인율에 따라 지불금액 계산하기　　　183

　　연습문제　　　187

10장　반복문 : while문　　　193

01　반복문이란?　　　194
　　🔳 반복문을 사용하지 않은 경우　　　194
　　🔳 반복문(while문)을 사용한 경우　　　195

02　while문의 기본 구조　　　199
　　🔳 1~10의 숫자 중 홀수 출력하기　　　200
　　🔳 1~100의 숫자 중 3의 배수 출력하기　　　204

03　누적 합계 구하기　　　207
04　짝수 합계 구하기　　　210
05　화씨/섭씨 환산표 만들기　　　215

　　연습문제　　　219

11장 반복문 : for문   223

01	for문의 기본 구조	224
02	range() 함수 사용법	226
	❶ range(종료값)	226
	❷ range(시작값, 종료값)	228
	❸ range(시작값, 종료값, 증가_감소)	229
03	1~10 정수 합계 구하기	230
04	배수 합계 구하기	232
	❶ 3의 배수 합계	232
	❷ 5의 배수가 아닌 수의 합계	234
05	문자열 처리하기	238
	❶ 문장을 세로로 출력하기	238
	❷ 전화번호에서 하이픈(-) 제거하기	240
	❸ 공백 대신 밑줄(_) 삽입하기	241
06	거리 단위 환산표 만들기	244
	연습문제	249

12장 리스트   253

01	리스트란?	254
	❶ 리스트의 요소 읽기	254
	❷ 리스트 합치기와 길이 구하기	257

02	리스트에 반복문 사용하기	259
	❶ 리스트에 for문 사용하기	259
	❷ 리스트에 while문 사용하기	264
03	합계와 평균 구하기	268
04	리스트 요소 추가/변경하기	270
05	리스트 요소 삭제하기	275
06	리스트 정렬하기	277
07	문자열 리스트로 변환하기	279
	연습문제	282

13장 함수   287

01	함수란?	288
	❶ 함수의 종류	288
	❷ 함수의 정의와 호출	289
02	함수의 매개변수	293
03	함수의 반환 값	297
04	짝수/홀수 판별하기	300
05	정수 합계 구하기	305
	연습문제	308

14장 터틀 그래픽 : 그래픽 기초   313

01	터틀 그래픽이란?	**314**
02	기본 도형 그리기	**317**
	❶ 정사각형 그리기	317
	❷ 삼각형 그리기	319
	❸ 원 그리기	321
	❹ 정오각형 그리기	323
03	안경 그리기	**325**
04	오륜기 그리기	**328**
	연습문제	**331**

15장 터틀 그래픽 : 그래픽 응용   337

01	조건문 활용	**338**
02	반복문 활용	**341**
	❶ for문 활용	341
	❷ while문 활용	342
03	별 그리기	**344**
04	오리 그리기	**347**
05	random 모듈 활용	**351**
	연습문제	**357**

부록   터틀 그래픽 색상표   **364**

1장
파이썬과 실습 준비

01. 파이썬이란?

1 코딩이란?

코딩은 컴퓨터 프로그램을 짜는 일을 의미하며 '프로그래밍'과 같은 말이예요. 그리고 프로그래밍은 컴퓨터 게임과 같은 프로그램을 동작시키는 명령을 작성하는 것이예요.

개발자는 게임, 홈페이지, ChatGPT와 같은 프로그램을 개발하는 사람이예요.

코딩과 프로그래밍은 동의어!

2 프로그래밍 언어

컴퓨터가 뭔가를 할 수 있도록 지시하기 위해서, 즉 프로그래밍을 하기 위해서는 프로그래밍 언어가 필요합니다.

컴퓨터를 동작시키는 프로그램을 작성하는 데 필요한 것이 바로 프로그래밍 언어입니다.

3 파이썬 언어

국어, 영어, 중국어 등의 언어가 존재하는 것과 같이 컴퓨터 프로그래밍 언어에도 파이썬, C, C++, 자바, HTML/CSS, 자바스크립트, PHP 등 무수히 많은 컴퓨터 언어가 있습니다.

파이썬은 1990년대에 개발된 세계에서 가장 인기 있는 언어 중 하나입니다.

4 왜 파이썬으로 코딩을 시작해야 하는가?

엉첨 쉽당~~~

(1) 파이썬은 쉽다! 재미있다!

파이썬 명령어는 쉬운 영어 단어와 숫자 등으로 구성되어 있어서 직관적이고 무척 배우기 쉽습니다.

파이썬은 어렵지 않기 때문에 쉬운 영어 단어로 대화를 하듯이 파이썬을 재미있게 공부할 수 있어요.

(2) 파이썬은 강력하다! 널리 쓰인다!

파이썬은 구글, NASA, 아마존, 네이버, 카카오톡 등의 기업과 기관에서 주력으로 사용하는 컴퓨터 언어 중 하나입니다.

또한 요즘 인공지능에 대한 사회적 열풍이 불고 있는데 인공지능 프로그램을 개발하는 데 가장 적합한 언어가 바로 파이썬입니다.

슈퍼 파워!!!

아주 편리해!

(3) 프로그램 개발이 편리하다!

파이썬은 개발자 인터넷 커뮤니티가 활성화되어 있어서 프로그램 작성 중 막히는 부분에 대해 다른 사람의 도움을 쉽게 받을 수 있어요.

그리고 파이썬은 한번 만든 코드를 재사용해서 쓰기도 쉬워 프로그램 개발이 훨씬 쉽습니다.

02. 파이썬 프로그램 설치

이 책을 이용하여 파이썬을 공부하고 실습하기 위해서는 먼저 파이썬 프로그램을 설치해야 합니다.

파이썬 사이트에 접속하여 설치 파일을 더블 클릭하면 쉽게 프로그램을 설치할 수 있습니다.

이 책은 파이썬 3.x 버전을 기준으로 설명하고 있습니다. 파이썬 프로그램 설치에 대한 설명은 윈도우 11 운영체제와 구글의 크롬 브라우저를 기준으로 합니다.

1 파이썬 사이트 접속하기

크롬 (또는 마이크로소프트 엣지) 브라우저를 열고 주소 창에 다음의 주소를 입력합니다.

https://python.org

파이썬 홈페이지 메인 화면에서 'Downloads' 메뉴를 클릭합니다.

클릭 —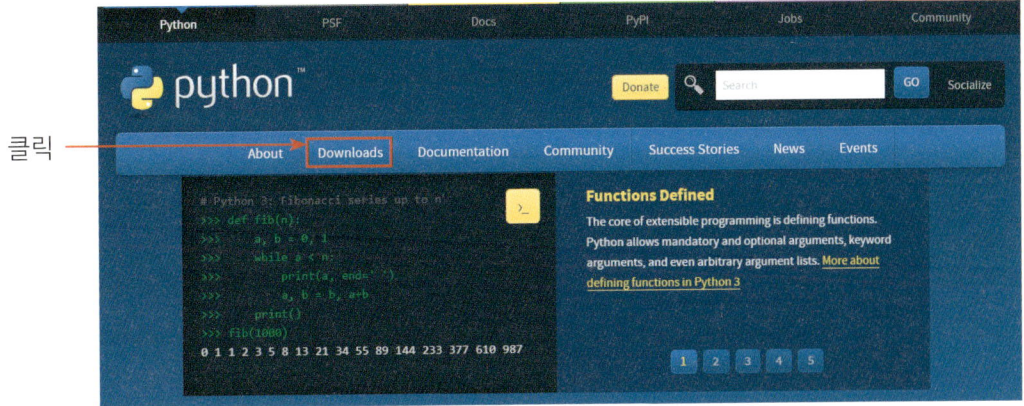

위의 그림에서 'Downloads' 버튼을 클릭하면 파이썬 프로그램 다운로드 화면이 나타납니다.

2 파이썬 프로그램 다운로드 화면

다음의 다운로드 화면에서 'Download Python 3.x.x' 버튼을 클릭합니다.

클릭 —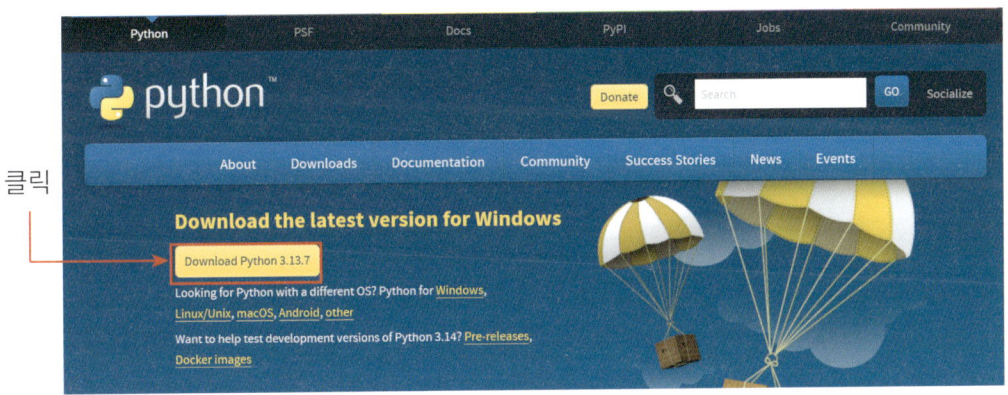

1장. 파이썬과 실습 준비 **23**

3 파이썬 설치 파일 실행

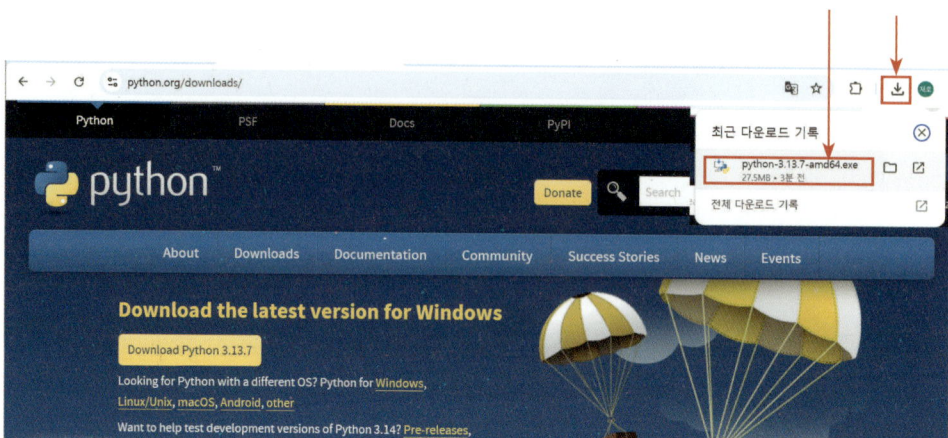

프로그램 다운로드가 완료되면 설치 파일(python-3.x.x-amd64.exe)을 클릭하여 프로그램 설치를 시작합니다.

4 파이썬 설치 시작

화면 제일 아래에 있는 'Add python.exe to PATH' 항목의 체크박스를 반드시 선택해 주세요. 파이썬 프로그램 설치를 시작하기 위해 'Install Now' 버튼을 클릭합니다.

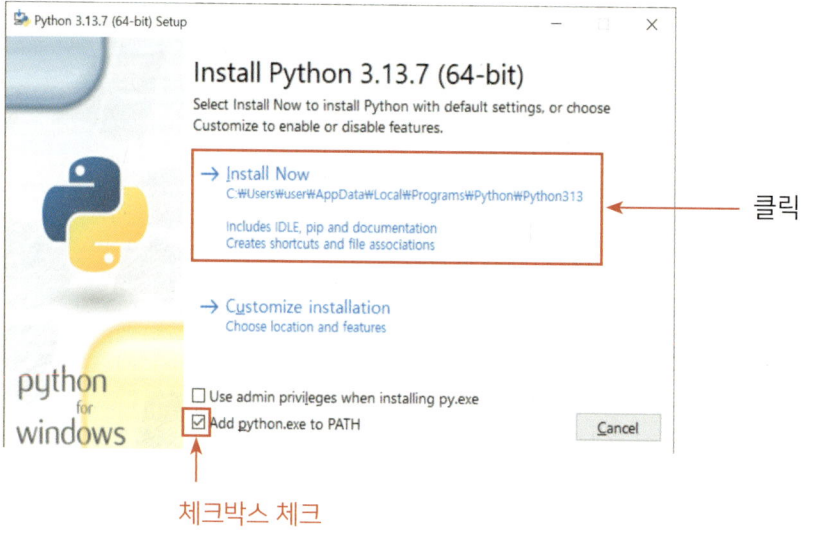

프로그램 설치가 시작된 후 몇 분 정도 지나면 파이썬 프로그램 설치가 완료됩니다.

5 파이썬 설치 완료

다음과 같이 프로그램 설치가 완료되었다는 메시지가 화면에 나타나면 'Close' 버튼을 클릭하여 창을 닫습니다.

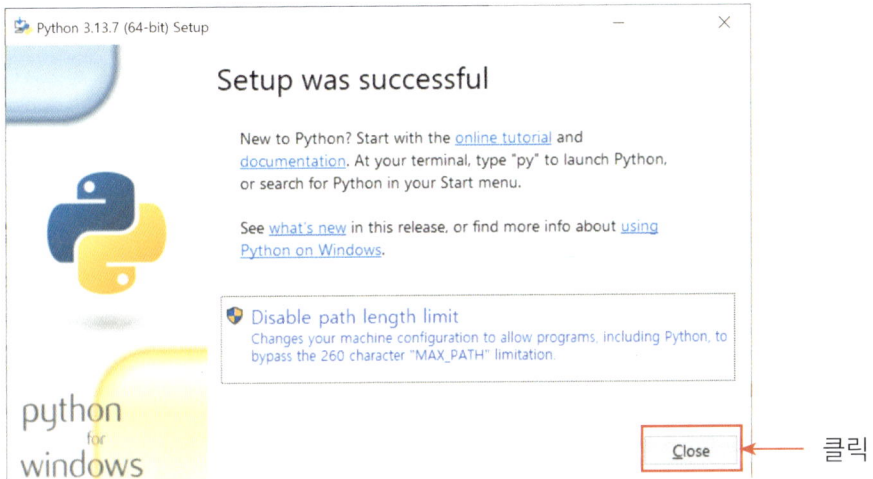

← 클릭

6 파이썬 설치 확인하기

설치된 파이썬 프로그램을 실행하기 위해 컴퓨터 화면의 왼쪽 아래에 있는 윈도우 시작 아이콘(▦)을 클릭해 보세요.

그리고 'Python 3.x' 아래에 있는 ' IDLE (Python 3.x 64-bit)'을 클릭하면 파이썬 프로그램이 실행됩니다.

클릭

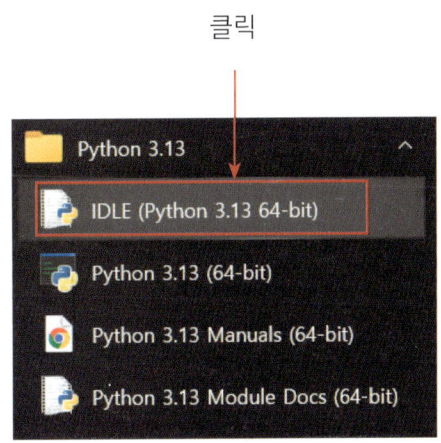

1장. 파이썬과 실습 준비 25

파이썬 프로그래밍을 할 수 있는 IDLE 쉘 프로그램이 실행되면 다음과 같이 화면이 나타나게 됩니다.

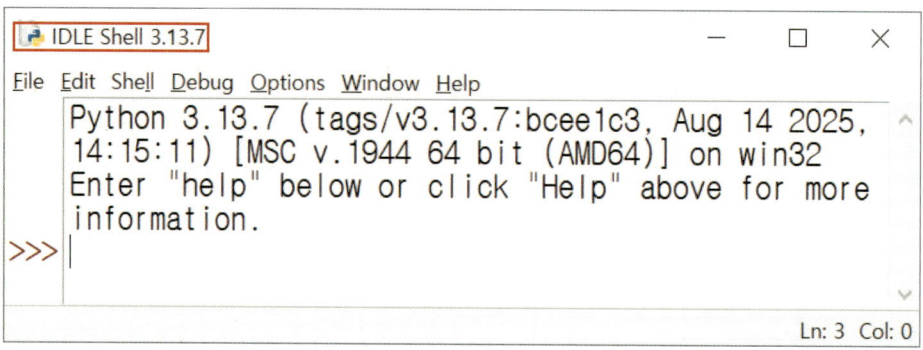

IDLE은 파이썬 프로그램을 개발하는 데 필요한 기본 프로그램으로서 '아이들'이라고 발음합니다. IDLE 프로그램의 자세한 설명과 사용법에 대해서는 2장에서 배울 것입니다.

지금 단계에서 아이들(IDLE)은 '파이썬 프로그램을 개발하는 데 필요한 소프트웨어다.' 라고만 이해하면 됩니다.

앞으로 이 IDLE 프로그램을 이용하여 책에 수록된 모든 예제들을 실습하는 데 사용할 것입니다.

위의 그림 제일 위에 있는 'IDLE Shell 3.13.7 '에서 3.13.7은 현재 설치되어 있는 파이썬의 버전을 의미합니다.

자 그럼 IDLE 쉘에서 연습 삼아 다음과 같이 입력해 볼까요?

```
IDLE Shell 3.x.x Shell

>>> 10 + 20    Enter
30
>>> 5 * 10 - 30    Enter
20
>>> print("안녕!")    Enter
안녕!
```

IDLE 쉘의 >>> 다음에 10 + 20을 입력하고 엔터 키를 치면 그 결과인 30이 나옵니다.

같은 방법으로 5 * 10 - 30을 키보드로 입력하고 실행하면 20이 화면에 출력됩니다.

이와 같이 IDLE 쉘 화면에서는 숫자의 계산과 간단한 파이썬 명령을 실행해 볼 수 있습니다.

연습문제 1장. 파이썬과 실습 준비

E1-1. 다음은 코딩과 프로그래밍에 대한 설명이다. 거짓인 항목은?

❶ 코딩과 프로그래밍은 동의어이다.

❷ 프로그래밍은 컴퓨터 동작을 지시하는 명령어이다.

❸ 개발자는 프로그램을 개발하는 사람을 지칭한다.

❹ 코딩은 개발된 프로그램을 사용하는 것을 말한다.

E1-2. 파이썬 언어에 대한 설명 중 잘못된 것은?

❶ 파이썬은 1990년도에 개발되었다.

❷ 파이썬은 세계에서 가장 인기있는 프로그래밍 언어 중 하나이다.

❸ 파이썬은 익히기 쉬운 언어이지만 성능은 그다지 뛰어나지 않다.

❹ 파이썬은 다른 프로그래밍 언어에 비해 초보자가 아주 쉽게 접근할 수 있다.

E1-3. 파이썬 설치 프로그램을 제공하는 파이썬 공식 웹 사이트 주소는?

❶ https://python.org

❷ https://python.net

❸ https://python.com

❹ https://python.kr

E1-4. 다음 중 코딩 초보가 가장 배우기 쉬운 언어는?

❶ 파이썬   ❷ C

❸ 자바   ❹ PHP

2장
IDLE 프로그램 사용법

01. IDLE이란?

1장에서 설치한 아이들(IDLE) 프로그램은 파이썬으로 과학연산, 게임, 데이터 분석, 인공지능 등의 소프트웨어를 개발할 수 있는 기본 개발 프로그램 중의 하나입니다.

IDLE은 'Integrated Development and Learning Environment'의 약어로서 파이썬의 '통합 개발과 학습 환경'이라는 의미입니다.

이 책의 모든 예제들에 대해서도 IDLE 프로그램을 이용하여 실습을 진행합니다.

IDLE 프로그램은 크게 다음의 두 가지로 구성되어 있습니다.

(1) IDLE 쉘(IDLE Shell)
IDLE 쉘에서는 파이썬 명령을 직접 타이핑하면서 파이썬을 공부할 수 있어요.

(2) IDLE 에디터(IDLE Editor)
IDLE 에디터에서는 파이썬 프로그램을 작성한 다음 파일로 저장하여 실행해 볼 수 있어요.

IDLE은
IDLE 쉘과
IDLE 에디터로 구성!

02. IDLE 쉘 사용법

자 그럼 컴퓨터 화면 왼쪽 아래에 있는 프로그램 시작 아이콘(⊞)을 클릭하여 다음과 같이 IDLE 프로그램을 실행해 보세요.

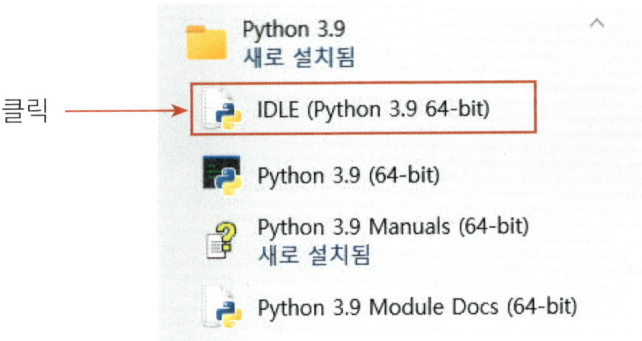

클릭 →

IDLE 프로그램이 실행되면 다음과 같은 IDLE 쉘(IDLE Shell) 창이 나타납니다.

```
IDLE Shell 3.13.7                                    — □ ×
File Edit Shell Debug Options Window Help
Python 3.13.7 (tags/v3.13.7:bcee1c3, Aug 14 2025,
14:15:11) [MSC v.1944 64 bit (AMD64)] on win32
Enter "help" below or click "Help" above for more
information.
>>>
                                                  Ln: 3  Col: 0
```

2장. IDLE 프로그램 사용법 33

IDLE 쉘 창에서는 우리가 직접 파이썬 명령을 입력하고 엔터 키를 눌러 결과를 확인해 볼 수 있어요.

IDLE 쉘 창에 다음과 같이 입력하고 엔터 키를 눌러 보세요.

>>> 1 + 2 + 3

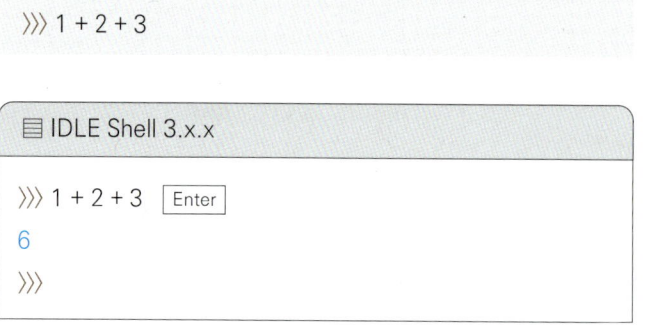

파이썬아! 이것 좀 계산해 봐!

위에서와 같이 IDLE 쉘 창의 >>> 다음에 '1 + 2 + 3'을 입력하고 엔터 키를 치면 그 결과인 6이 출력됩니다.

그리고 나서 IDLE 쉘은 다시 >>>를 화면에 표시하여 다음 명령을 받아들일 준비를 합니다.

조금 더 연습을 해볼까요?

IDLE 쉘에서 다음과 같이 입력한 다음 엔터 키를 눌러 보세요.

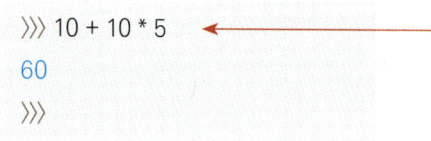

파이썬 언어에서 기호 *는 곱셈을 나타냅니다. 10 * 5 가 먼저, 즉 곱셈(*)이 덧셈(+) 보다 먼저 계산되기 때문에 계산 결과가 60이 됩니다.

이번에는 IDLE 쉘 화면에 '안녕하세요~~~'를 출력해 볼까요?

>>> print("안녕하세요.")　　←　　　　print() 함수는 괄호 안에 있는 내용, 즉 '안녕하세요.'를 IDLE 쉘 화면에 출력할 때 사용합니다.
안녕하세요.
>>>

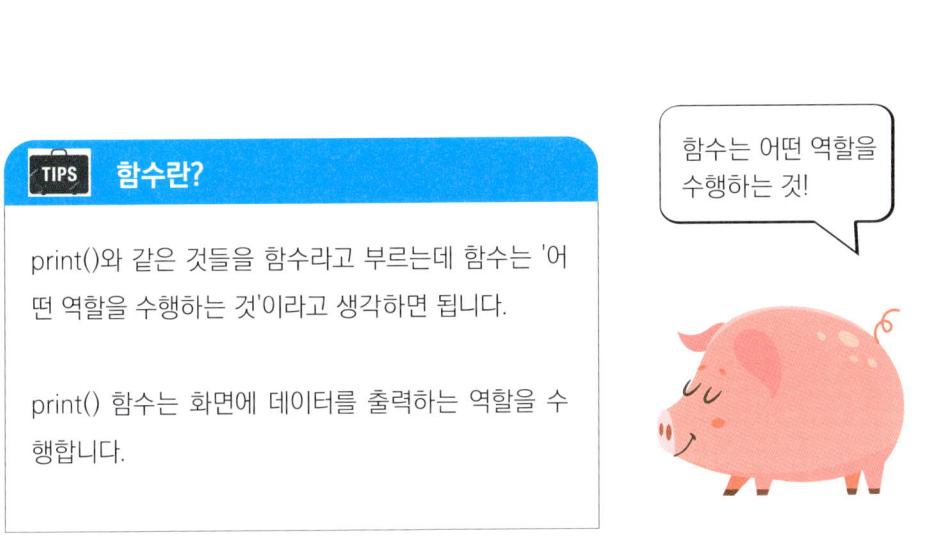

IDLE 쉘에서 파이썬 명령을 잘못 입력하면 다음과 같이 오류가 발생합니다.

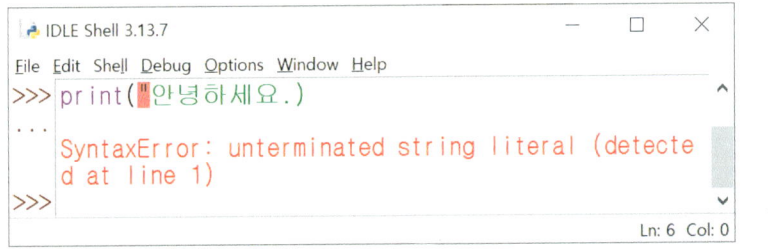

위에서와 같이 '안녕하세요.'와 같은 문자를 사용할 때는 큰 따옴표(") 또는 작은 따옴표(')로 글자들을 감싸야 합니다.

※ 컴퓨터에서 "a", "hello", "안녕하세요.", '나는 학생입니다.', '010-1234-5678' 등의 문자를 문자열이라고 합니다.

만약 실습 중에 위와 같은 오류가 발생하면 입력한 파이썬 명령에 오류가 있는 것입니다. 오류를 수정한 후에 다시 실행하여 제대로 된 결과를 얻도록 해야 합니다.

> **TIPS 문자열이란?**
>
> 파이썬에서는 문자열(String)은 하나 또는 여러 개의 문자를 의미합니다.
>
> 문자열을 사용할 때는 큰 따옴표(") 또는 작은 따옴표(')로 글자들을 감싸야 합니다.
>
> 문자열에 대해서는 3장에서 좀 더 자세히 공부합니다.

문자열은 하나 이상의 문자!

03. IDLE 에디터 사용법

앞의 실습에서 IDLE 쉘의 >>>에서 직접 입력한 명령어들은 저장되지 않기 때문에 IDLE 쉘 창을 닫으면 명령어들이 다 사라져 버려요.

이 때 IDLE 에디터를 이용하면 우리가 파이썬으로 짠 프로그램을 파일로 저장할 수 있습니다.

쉘에서 타이핑한 명령이 다 사라졌네!ㅠㅠ

1 IDLE 에디터 창 열기

IDLE 쉘 창의 메뉴 File > New File을 선택하여 IDLE 에디터를 열어 보아요.

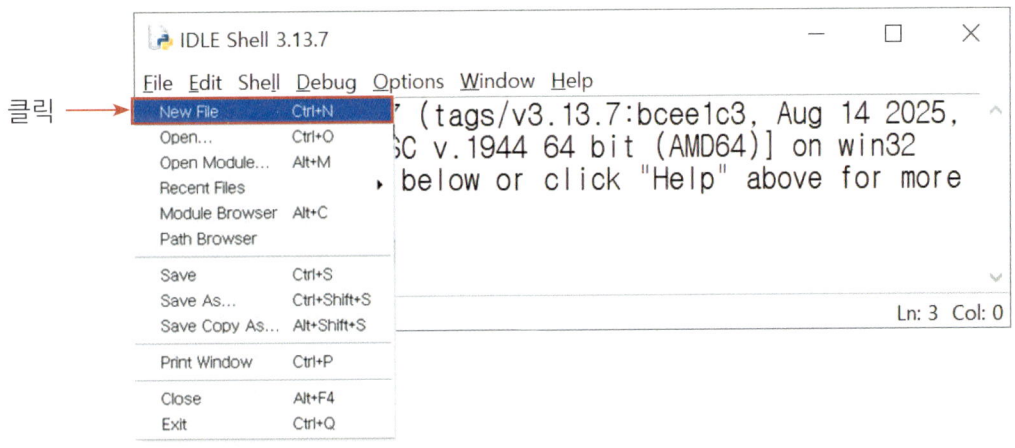

2장. IDLE 프로그램 사용법 37

그러면 다음과 같이 IDLE 에디터 창이 화면에 나타납니다.

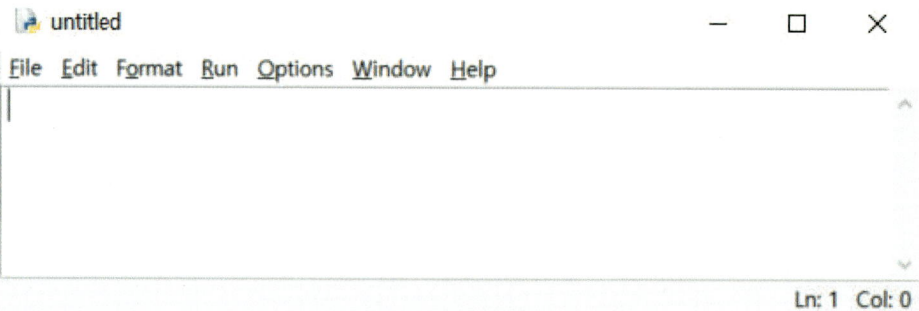

IDLE 에디터란?

IDLE 에디터는 프로그램을 작성하고 파일로 저장하는 데 사용됩니다.

또한 IDLE 에디터에서 작성한 프로그램을 실행시키면 결과는 IDLE 쉘 창에 나타나요.

이 책에서는 IDLE 쉘과 에디터를 이용하여 책의 예제들을 실습합니다.

IDLE 에디터는 프로그램을 작성하고 파일로 저장!

2 IDLE 에디터에서 프로그램 작성/저장/실행하기

IDLE 에디터에서 파이썬 프로그램을 작성, 저장, 실행하는 과정은 다음과 같습니다.

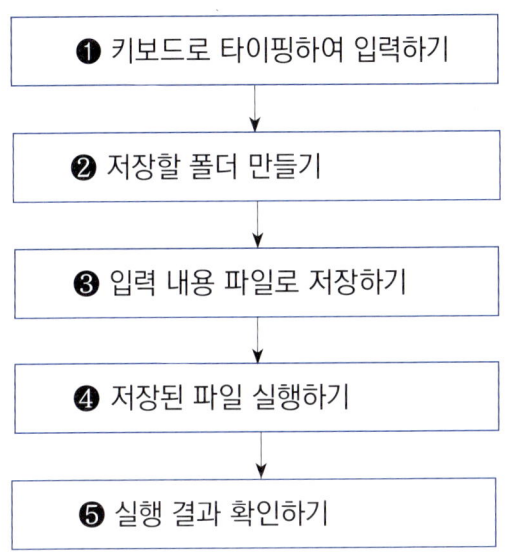

코딩실력은 프로그램을 짠 횟수와 비례!

❶ 키보드로 타이핑하여 입력하기

IDLE 에디터에서 아래와 같이 타이핑하여 프로그램 내용을 입력해 보세요!

```
Untitled
File  Edit  Format  Run  Options  Window  Help
print("파이썬 안녕!")
```

❷ 저장할 폴더 만들기

❶에서 입력한 내용을 파일로 저장하기 전에 다음과 같이 윈도우 탐색기를 이용하여 파일을 저장할 폴더를 만들어 보자.

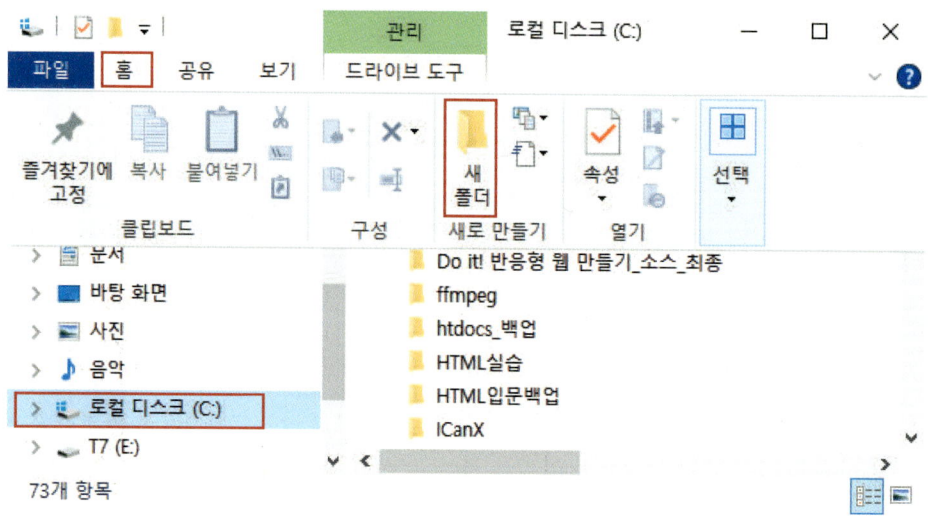

위에서 파일을 저장할 로컬 디스크 C:나 D: 등을 선택한 다음, '새 폴더' 아이콘을 클릭하면 새 폴더가 만들어집니다.

새로운 폴더의 이름으로 '파이썬실습'을 입력하고 엔터 키를 누르면 '파이썬실습' 폴더가 생성됩니다.

새로운 폴더 이름은 '파이썬실습'!

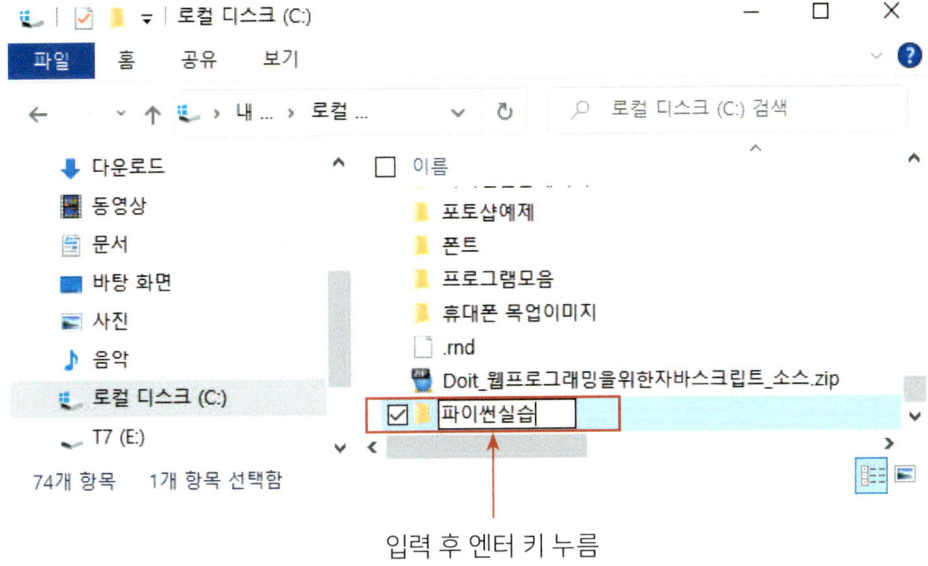

입력 후 엔터 키 누름

❸ 입력 내용 파일로 저장하기

IDLE 에디터에서 입력 내용을 파일로 저장하기 위해 메뉴에서 File 〉 Save를 선택합니다.

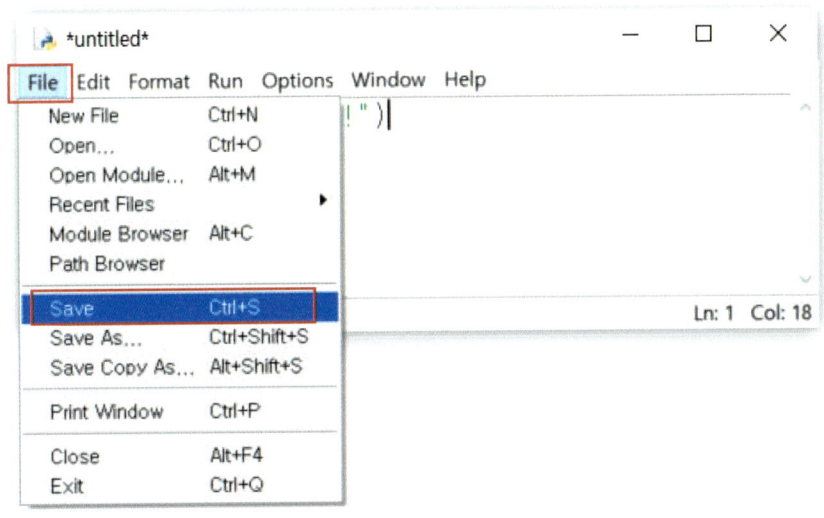

파일 선택 창이 열리면 앞의 ❷의 과정에서 만들어 놓은 '파이썬실습' 폴더로 이동합니다.

'파일 이름(N) : ' 항목에 'hello.py'를 입력하고 '저장(S)' 버튼을 클릭합니다.

'hello.py' 이름으로 저장하자!

그러면 다음과 같이 IDLE 에디터 창의 제일 위에 저장된 파일 이름 'hello.py'가 화면에 표시됩니다.

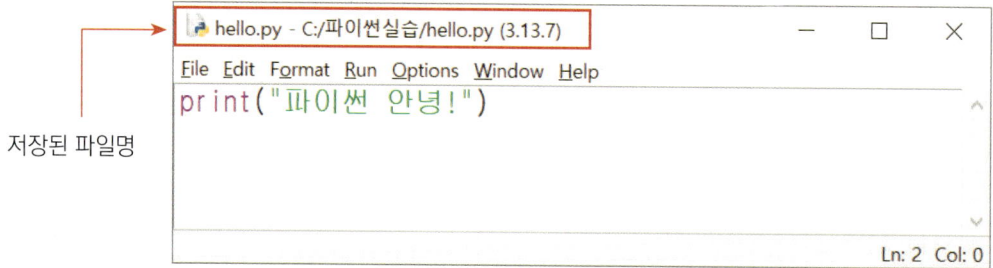

저장된 파일명

❹ 저장된 파일 실행하기

IDLE 에디터에서 'hello.py' 파일을 실행하기 위해서 메뉴 Run > Run Module을 선택합니다.

또는 키보드에서 단축키 F5를 누릅니다.

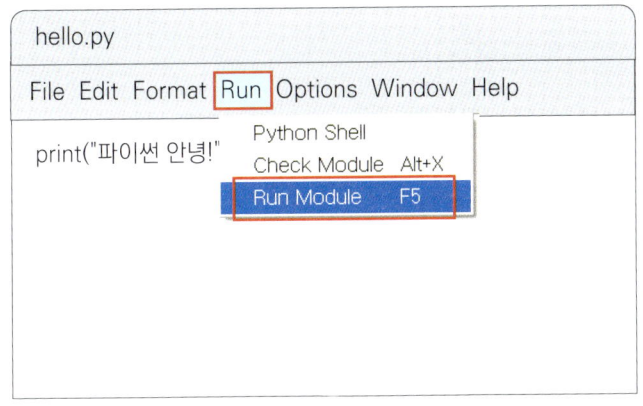

프로그램 실행 단축키는 F5!

❺ 실행 결과 확인하기

IDLE 에디터에서 F5를 눌러 'hello.py' 파일을 실행시키면 다음과 같이 프로그램을 실행한 결과가 IDLE 쉘 창에 나타납니다.

만약 위와 같은 결과를 얻지 못하고 오류가 발생하면 IDLE 에디터를 이용하여 잘못된 부분을 수정합니다.

그리고 다시 파일을 저장한 다음 F5를 눌러 재실행하여 제대로 된 결과가 화면에 나올 때까지 이 과정을 반복해야 합니다.

연습문제 2장. IDLE 프로그램 사용법

E2-1. '통합 개발과 학습 환경'을 의미하는 파이썬 프로그래밍 실습에 필요한 프로그램은?

❶ IDLE ❷ 운영체제
❸ 메모장 ❹ 인터넷 익스플로러

E2-2. 다음은 IDLE에 관한 설명이다. 잘못된 것은?

❶ IDLE에 내장된 파이썬 쉘에서는 파이썬 명령을 직접 입력할 수 있다.
❷ IDLE 에디터에서는 프로그램을 작성하고 파일로 저장할 수 있다.
❸ IDLE 에디터를 이용하여 파이썬으로 그림을 그릴 수 있다.
❹ IDLE 에디터에서 저장하게 되는 파일의 확장자는 .py 이다.

E2-3. IDLE 에디터에서 저장된 프로그램 소스 파일을 불러와 실행할 때 사용하는 단축키는?

❶ F10 ❷ F5
❸ F12 ❹ F1

E2-4. IDLE을 구성하는 두 개의 창 이름은 무엇인가?

3장
변수

01. 변수란?

컴퓨터에서 변수는 데이터가 저장된 컴퓨터 메모리의 위치를 의미합니다.

> 변수는 데이터가 저장된 위치!

컴퓨터 메모리

	...
a	10
b	20
c	30
	...

위의 그림에서 컴퓨터 메모리에 저장된 데이터의 위치를 의미하는 a, b, c와 같은 것을 우리는 변수라고 부릅니다.

IDLE 쉘에서 다음과 같이 직접 실습을 해볼까요?

```
IDLE Shell 3.x.x

>>> a = 10                    ❶
>>> b = 20                    ❷
>>> c = a + b                 ❸
>>> print(a, b, c)            ❹
10 20 30
```

❶ a = 10

숫자 10을 변수 a에 저장합니다.

> TIPS 기호 =
>
> 컴퓨터 프로그래밍에서 기호 =는 '같다'란 의미가 아니라 '오른쪽의 데이터를 왼쪽의 변수에 저장'하는 것입니다.

=는 데이터를 변수에 저장!

❷ b = 20

숫자 20을 변수 b에 저장합니다.

❸ c = a + b

변수 a(값:10)와 변수 b(값:20)를 더한 결과인 30을 변수 c에 저장합니다.

❹ print(a, b, c)

print() 함수는 괄호 안에 있는 데이터나 변수의 값을 화면에 출력합니다. 변수 a, b, c의 값인 10 20 30을 화면에 출력합니다.

만약 IDLE 쉘에서 a = 5를 실행하면 변수 a의 값은 5가 되고, 그 다음 a = 10을 실행하면 변수 a는 이전의 5 값을 갖는 게 아니라 10의 값을 갖게 됩니다.

이와 같이 변수는 저장하는 데이터 값에 따라 변수 자신의 값이 변하게 됩니다.

이번에는 두 변수 x와 y에 값을 저장한 다음 곱셈과 나눗셈을 하는 예를 살펴 보아요.

❶ x = 4

변수 x에 4를 저장합니다.

❷ y = 5

변수 y에 5를 저장합니다.

❸ z = x * y / 2

변수 x(값:4)와 변수 y(값:5)를 곱한 다음 2로 나눈 결과인 10.0을 변수 z에 저장합니다.

❹ print(x, y, z)

print() 함수를 이용하여 변수 x, y, z의 값인 4 5 10.0을 화면에 출력합니다.

> **TIPS** * : 곱셈, / : 나눗셈
>
> 컴퓨터에서 별표(*)는 곱셈, 슬래시(/)는 나눗셈을 의미합니다.

*는 곱하기 /는 나누기를 하는거야!

02. 변수의 데이터 형

파이썬을 포함한 컴퓨터 언어에서 변수는 다양한 형태를 갖고 있습니다.

변수에서 많이 사용되는 데이터 형은 다음의 네 가지 입니다.

> (1) 정수(Integer)
> (2) 실수(Floating Point)
> (3) 불리언(Boolean)
> (4) 문자열(String)

변수의 형에는 정수, 실수, 불리언, 문자열이 있어요!

1 정수

정수는 23, 0, -17에서와 같이 양수, 0, 음수로 구성됩니다.

```
IDLE Shell 3.x.x
>>> num1 = 23
>>> num2 = 0
>>> num3 = -17
>>> print(num1, num2, num3)
23 0 -17
```

공백

※ 앞의 print(num1, num2, num3)에서와 같이 여러 개의 변수를 출력하면 각 항목들 사이에 공백이 하나씩 들어가게 된다는 점을 기억해 주세요.

2 실수

실수는 17.3, -22.56, 3.0, 3.14 등과 같이 소수점을 가진 숫자를 의미합니다.

```
IDLE Shell 3.x.x

>>> num1 = 19.33
>>> num2 = 155.0
>>> num3 = -1.888
>>> num4 = 3.14
>>> print(num1, num2, num3, num4)
19.33 155.0 -1.888 3.14
```

3 불리언

불리언은 참과 거짓 중 하나의 값을 가집니다. 참은 True, 거짓은 False로 표현합니다.

```
IDLE Shell 3.x.x

>>> a = True
>>> b = False
>>> print(a, b)
True False
>>> print(5 > 3)
True
```

※ 불리언 데이터 형은 7장부터 배우게 되는 조건문과 반복문에서 참/거짓을 판별하는 데 사용됩니다.

알아 맞춰 보세요!

Q3-1. 다음 프로그램의 실행 결과는 무엇일까요?

>>> a = 5
>>> b = 10
>>> print(a > b)

정답 : _____

Q3-2. 다음 프로그램의 실행 결과는 무엇일까요?

>>> a = 3
>>> b = a + 2
>>> c = b * 3
>>> print(c)
>>> print(c > 10)

정답 : _____
_____

4 문자열

문자열은 하나 또는 여러 개의 문자를 의미합니다.

"안녕하세요", "사과", "a", "school", "I am 16 years old", "010-206-3765" 등과 같이 문자열을 사용할 때는 문자 앞과 뒤에 큰 따옴표(") 또는 작은 따옴표(')를 사용합니다.

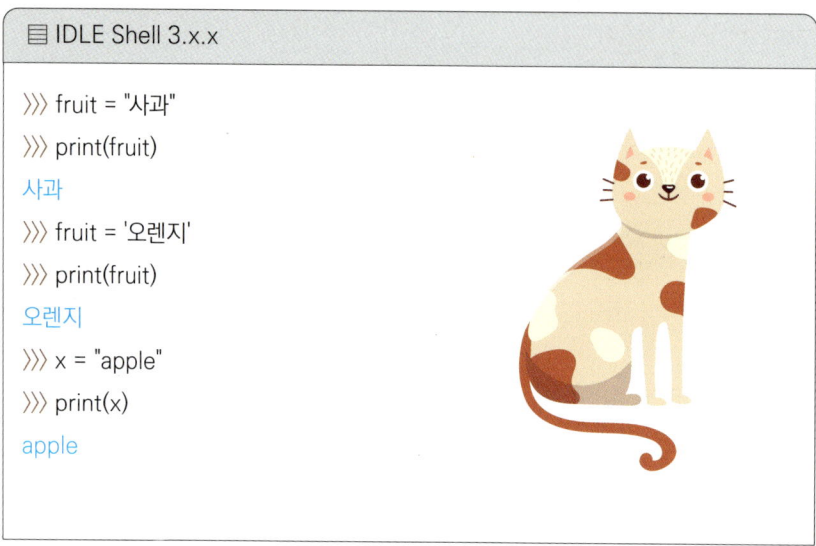

```
📋 IDLE Shell 3.x.x
>>> fruit = "사과"
>>> print(fruit)
사과
>>> fruit = '오렌지'
>>> print(fruit)
오렌지
>>> x = "apple"
>>> print(x)
apple
```

변수 name에 '김채린', age에 10을 저장한 다음 출력해 볼까요?

```
📋 IDLE Shell 3.x.x
>>> name = "김채린"
>>> age = 10
>>> print("이름:", name)
이름: 김채린
>>> print("나이:", age)
나이: 10
```

이번에는 IDLE 에디터를 이용하여 '안녕하세요', '반갑습니다.'를 화면에 출력하는 프로그램을 작성해 볼까요?

```
3-1.py
File  Edit  Format  Run  Options  Window  Help

  print("안녕하세요.")
  print("반갑습니다.")
```

IDLE 에디터를 이용하여 위와 같이 키보드로 입력한 다음 파일로 저장합니다. 그리고 단축키 F5를 누르면 프로그램이 실행 되어 IDLE 쉘에 다음과 같이 결과가 출력될 거예요.

3장. 변수 55

직접 코딩해 보세요!

Q3-3. IDLE 에디터를 이용하여 자신의 이름을 다음과 같이 변수 name에 저장한 다음 실행 결과와 같이 출력하는 프로그램을 작성하세요.

name = "홍지수"   # 자신의 이름을 name에 저장

 실행 결과
나는 홍지수 입니다.

Q3-4. IDLE 에디터를 이용하여 자신의 나이를 변수 age에 저장한 다음 출력하는 프로그램을 작성하세요.

age = 11   # 자신의 나이를 age에 저장

 실행 결과
나는 11 살 입니다.

TIPS 설명문 : #

기호 샵(#)은 파이썬에서 설명문에 사용돼요. # 다음에 들어간 내용은 파이썬 (IDLE)이 프로그램을 실행할 때 그 부분은 무시합니다.

03. 변수 이름

변수 이름은 영어 소문자/대문자, 밑줄(_), 숫자를 단독 또는 혼합하여 만듭니다.

📋 IDLE Shell 3.x.x

```
>>> last_name = "황"
>>> first_name = "재호"
>>> print(last_name, first_name)
황 재호
```

변수명 만들기
· 영어 대소문자
· 밑줄(_)
· 숫자

정수와 실수에 사용된 변수의 예입니다.

📋 IDLE Shell 3.x.x

```
>>> age = 15
>>> thisYear = 2019
>>> pi = 3.141592
>>> fontSize = 12
>>> print(age, thisYear, pi, fontSize)
15 2019 3.141592 12
```

위에서 사용된 변수 last_name, first_name, age, thisYear, pi, fontSize 등은 모두 잘 만들어진 유효한 변수 이름입니다.

※ 변수명에 특수문자(공백, #, %, &, ^, !, @ 등)를 사용하면 안됩니다.
　잘못된 변수명의 예 : time out, email@, temp#, name^^

> 다음 장에서는 파이썬의 연산자에 대해 공부해요~~~

연습문제 3장. 변수

E3-1. 변수 address에 자신이 사는 곳을 저장한 다음 실행 결과와 같이 출력하는 프로그램을 작성하세요.

address = "서울시 강동구"   # 자신의 집 주소를 입력

📋 실행 결과

나는 서울시 강동구 에 삽니다.

E3-2. print() 함수를 이용하여 별표(*)로 V자를 만드는 프로그램을 작성해 보세요.

📋 실행 결과

```
*       *
 *     *
  *   *
   *
```

E3-3. print() 함수를 이용하여 별표(*)로 H자를 만드는 프로그램을 작성해 보세요.

📋 실행 결과

```
*     *
*     *
*******
*     *
*     *
```

4장
연산자

01. 산술 연산자

파이썬을 포함한 프로그래밍 언어에서는 숫자의 계산을 위한 산술 연산자를 제공합니다. 파이썬에서 많이 사용하는 산술 연산자는 다음과 같습니다.

(1) 사칙 연산자 : +, -, *, /
(2) 거듭제곱 연산자 : **
(3) 나머지 연산자 : %

산술 연산자는 숫자 계산에 사용되는 연산자!

1 사칙 연산자

사칙 연산에는 다음의 표에 나타난 것과 같이 더하기, 빼기, 곱하기, 나누기가 있습니다.

사칙 연산자	의미
+	더하기
-	빼기
*	곱하기
/	나누기

파이썬 쉘에서 사칙 연산을 이용한 실습을 해봅시다.

```
IDLE Shell 3.x.x
>>> x = 3 * 4 + 2
>>> print(x)
14
```

3 * 4 + 2의 결과인 14를 변수 x에 저장한 다음 print() 함수로 그 결과를 출력합니다.

다음과 같은 연산을 파이썬 쉘에서 해볼까요?

5 + 5 / 2 * 2

```
IDLE Shell 3.x.x
>>> x = 5 + 5 / 2 * 2
>>> print(x)
10.0
```

사칙연산에서는 곱셈과 나눗셈을 먼저 계산!

우리가 알고 있는 수학 연산에서와 같이 곱셈과 나눗셈은 덧셈과 뺄셈보다 먼저 계산됩니다.

따라서 5/2*2가 먼저 왼쪽에서부터 순서대로 계산되어 결과 값 5.0과 앞의 5가 더해져 10.0의 값이 변수 x에 저장됩니다.

프로그래밍 언어에서 사칙 연산의 순서를 정할 때는 수학에서와 마찬가지로 괄호를 사용하면 됩니다.

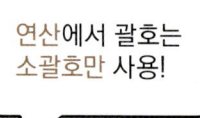

```
10 * ( 20 + (30 - 10))
```

📋 IDLE Shell 3.x.x

⟫⟫ x = 10 * (20 + (30 - 10))
⟫⟫ print(x)
400

※ 괄호는 소괄호(())만 사용하는 것에 주의해 주세요.

2 거듭제곱 연산자

거듭 제곱 연산은 다음의 표에 나타난 것과 같이 ** 기호를 사용합니다.

거듭제곱 연산자	의미
**	거듭제곱 계산

📋 IDLE Shell 3.9.4

⟫⟫ 2**3
⟫⟫ print(x)
8

2^3은 2**3과 같이 표현하고, 2*2*2, 즉 8이 됩니다.

실행 결과는?

Q4-1. 다음 프로그램의 실행 결과는 무엇일까요?

```
a = 3**2
b = 2**4
print(a, b)
```

실행 결과

Q4-2. 다음 프로그램의 실행 결과는 무엇일까요?

```
a = 2**3 - 4
b = a / 4
print(b)
```

실행 결과
----

❸ 나머지 연산자

우리는 2로 나눈 나머지가 0이면 짝수, 0이 아니면 홀수임을 알 수 있습니다. 이와 같이 나머지를 계산하는 데 사용되는 것이 나머지 연산자입니다.

나머지 연산에는 다음의 표에 나타난 것과 같이 % 기호를 사용합니다.

나머지 연산자	의미
%	나머지 계산

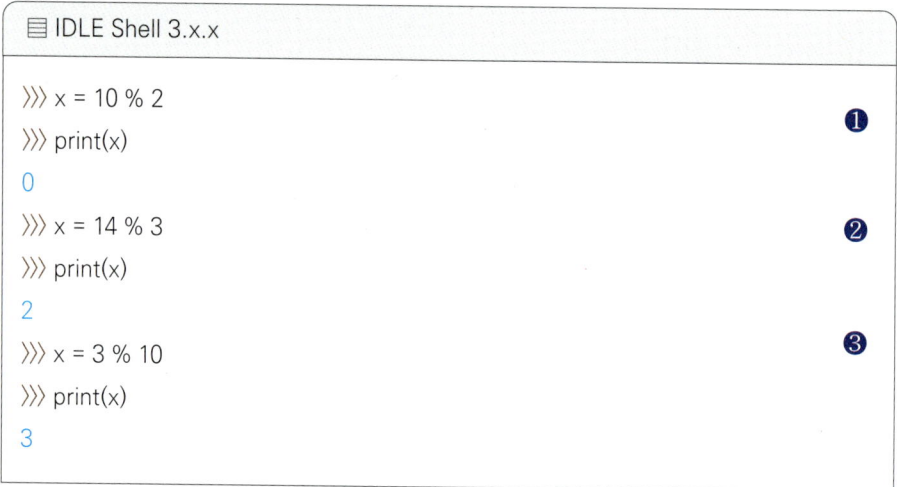

❶   x = 10 % 2

10 % 2는 '10을 2로 나눈 나머지'를 의미합니다. 10을 2로 나누면 몫이 5가 되고 나머지는 0이 됩니다. 따라서 변수 x의 값은 0이 됩니다.

❷   x = 14 % 3

14 % 3은 '14를 3으로 나눈 나머지'를 의미하기 때문에 결과는 2가 됩니다.

❸ x = 3 % 10

3 % 10은 몫이 0이고 나머지는 3이 됩니다.

실행 결과는?

Q4-3. 다음 프로그램의 실행 결과는 무엇일까요?

```
x = 100 % 1000
y = 2 % 3
print(x + y)
```

📋 실행 결과

Q4-4. 다음 프로그램의 실행 결과는 무엇일까요?

```
x = 123 % 100
y = 13 % 250
print(x - y)
```

📋 실행 결과

02. 대입 연산자

파이썬에서 가장 많이 사용되는 연산자 중 하나가 대입 연산자 =입니다.

x = 3

파이썬을 포함한 프로그래밍 언어에서 x = 3의 의미는 '변수 x는 3과 같다'는 의미가 아닙니다.
이것은 '변수 x에 3의 값을 대입한다'라는 것을 뜻합니다.

a = 10
변수 a에 10을 대입!

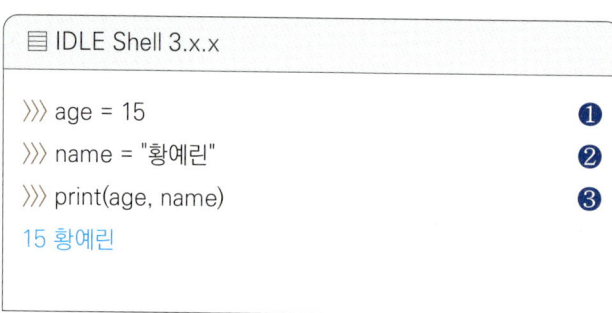

❶ age = 15

변수 age에 정수 값 15를 대입, 즉 저장합니다.

❷ name = "황예린"

변수 name에 문자열 "황예린"을 대입합니다.

❸ print(age, name)

print() 함수로 변수 age와 변수 name의 값을 화면에 출력합니다.

이번에는 대입 연산자 +=에 대해 공부해 봅시다.

```
IDLE Shell 3.x.x
>>> x = 2                                    ❶
>>> print(x)
2
>>> x += 1                                   ❷
>>> print(x)
3
```

❶ x = 2

변수 x에 2를 대입합니다.

x += 1 은
x = x + 1과 같아!

❷ x += 1

x += 1은 x = x + 1과 동일한 명령입니다.

우변의 변수 x(값:2)에 1을 더한 결과 값인 3을 좌변의 변수 x에 대입합니다.

많이 사용되는 대입 연산자를 정리하면 다음과 같습니다.

대입 연산자	예	의미
=	a = 3	변수 a에 3을 저장
+=	a += 2	a = a + 2와 동일
-=	a -= 2	a = a - 2와 동일

```
IDLE Shell 3.x.x

>>> a = 10                              ❶
>>> a += 2     # a = a + 2와 동일         ❷
>>> print(a)
12
>>> a -= 8     # a = a - 8과 동일         ❸
>>> print(a)
4
```

❶ a = 10

변수 a에 10을 저장합니다.

❷ a += 2

현재 변수 a의 값 10에 2를 더한 결괏값 12를 다시 변수 a에 저장합니다.

❸ a -= 8

현재 변수 a의 값 12에서 8을 뺀 결괏값 4를 다시 변수 a에 저장합니다.

실행 결과는?

Q4-5. 다음 프로그램의 실행 결과는 무엇일까요?

```
x = 5
y = 3
x -= 1
x += 3
y = x + y
print(x, y)
```

📋 실행 결과

Q4-6. 다음 프로그램의 실행 결과는 무엇일까요?

```
x = 5
y = x
x += 2
z = x * y
print(z)
```

📋 실행 결과

03. 문자열 연산자

문자열 연산자에는 문자열을 서로 연결하는 데 사용되는 연결 연산자와 문자열을 반복시키는 반복 연산자 두 가지가 있습니다.

1 연결 연산자 : +

숫자의 덧셈을 의미하는 + 기호가 문자열에 사용되면 문자열들이 서로 연결되어 하나의 문자열로 합쳐지게 됩니다.

```
IDLE Shell 3.x.x

>>> color = "노란색"                              ❶
>>> myColor = "나는 " + color + "을 좋아합니다."    ❷
>>> print(myColor)
나는 노란색을 좋아합니다.
```

연결 연산자 : +
숫자에서는 더하기,
문자열에서는 문자열 연결하기!

❶   color = "노란색"

변수 color에 문자열 "노란색"을 저장합니다.

❷   myColor = "나는 " + color + "을 좋아합니다."

문자열 "나는 ", 변수 color, 문자열 "을 좋아합니다."를 서로 연결하여 하나의 문자열인 "나는 노란색을 좋아합니다."를 변수 myColor에 저장합니다.

2 반복 연산자 : *

숫자의 곱셈에 사용되는 * 기호가 문자열에 사용되면 이는 문자열을 반복시킵니다.
다음 예제를 살펴볼까요?

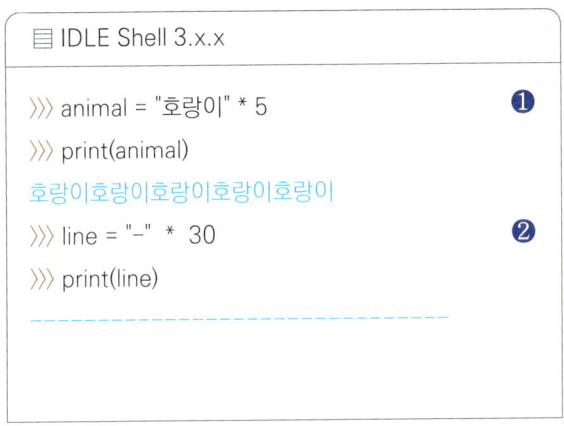

반복 연산자 : *
숫자에서는 곱하기,
문자열에서는 문자 반복시키기!

❶   animal = "호랑이" * 5

변수 animal은 "호랑이"가 5번 반복된 문자열 "호랑이호랑이호랑이호랑이호랑이"의 값을 가집니다.

❷   line = "-" * 30

변수 line은 "-"이 30번 반복된 문자열 "------------------------------"의 값을 가집니다.

직접 코딩해 보세요!

Q4-7. 문자열 연결 연산자 +를 이용하여 변수 name에 자신의 이름, address에는 주소를 입력한 다음 실행 결과와 같이 출력하는 프로그램을 작성해 보세요.

📋 실행 결과

나는 안지영입니다.
수원에 살아요.

Q4-8. 문자열 연결 연산자 +를 이용하여 변수 game에 자신이 좋아하는 게임을 저장한 다음 실행 결과와 같이 출력하는 프로그램을 작성해 보세요.

📋 실행 결과

나는 로블럭스를 좋아해!

Q4-9. 문자열 반복 연산자 *를 이용하여 실행 결과와 같이 출력하는 프로그램을 작성해 보세요.

📋 실행 결과

이름   전화번호

김영진   010-1234-5678
최수진   010-1234-5678

04. 문자열 추출과 길이

문자열은 정수, 실수와 더불어 자주 쓰이는 데이터 형이기 때문에 잘 알아두어야 합니다. 문자열에서 문자열 일부를 추출하고 문자열의 길이를 구하는 방법에 대해 알아봅시다.

1 문자열의 추출

다음 예제를 통하여 문자열 중에서 일부 문자열을 추출하는 것에 대해 알아볼까요?

❶ a = "hello"
　　print(a)

변수 a에 문자열 "hello"를 저장하고 문자열 a를 화면에 출력합니다.

4장. 연산자 **75**

❷ print(a[0])

a[0]는 문자열 a에서 첫 번째 원소를 의미합니다. 따라서 "h"의 값을 갖게 됩니다. 여기서 0은 원소의 위치를 가리키는데 이를 '인덱스(index)'라고 부릅니다.

※ 문자열의 인덱스는 0부터 시작합니다. 인덱스 0은 첫 번째 원소, 1은 두 번째 원소, 2는 세 번째 원소, 3은 네 번째 원소를 가리키게 됩니다.

❸ print(a[1])

a[1]은 문자열 a의 두 번째 원소인 "e"의 값을 갖습니다.

❹ print(a[4])

a[4]는 문자열 a의 다섯 번째 원소인 "o"가 됩니다.

이번에는 문자열을 한꺼번에 여러 개 추출하는 방법에 대해 공부해 볼까요?

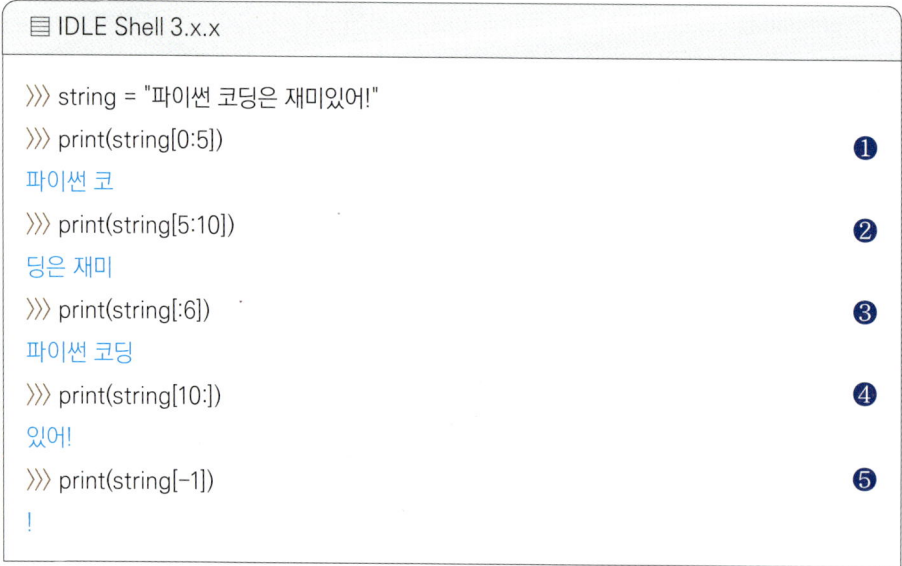

❶ print(string[0:5])

string[0:5]는 인덱스 0부터 4(5미만)까지의 요소 값인 "파이썬 코"를 추출합니다. print(string[0:5])는 "파이썬 코"가 화면에 출력됩니다.

❷ print(string[5:10])

string[5:10]는 인덱스 5부터 9까지의 요소 값, 즉 "딩은 재미"를 추출합니다.

❸ print(string[:6])

string[:6]는 앞에서 부터 인덱스 5까지의 요소 값 "파이썬 코딩"을 추출합니다.

❹ print(string[10:])

string[10:]는 인덱스 10부터 마지막까지의 요소 값인 "있어!"를 추출합니다.

❺ print(string[-1])

string[-1]은 인덱스 10부터 마지막까지의 요소 값인 "있어!"를 추출합니다.

2 문자열 길이 구하기

len() 함수를 이용하면 문자열의 길이를 구할 수 있습니다. 다음을 살펴 볼까요?

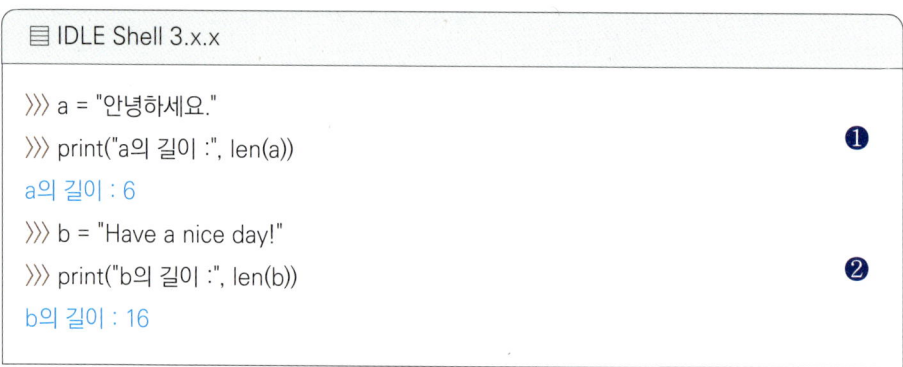

❶ len(a)

len(a)는 변수 a의 길이를 구합니다. 현재 a의 값은 문자열 "안녕하세요."이기 때문에 6이 됩니다. "안녕하세요."는 마침표(.)를 포함해서 6글자입니다.

❷ len(b)

len(b)는 변수 b의 값인 "Have a nice day!"의 길이를 의미하므로 16이 됩니다.
이 때 주의할 점은 공백 " "도 하나의 문자라는 것입니다.

밑줄을 채워 보세요!

Q4-10. 다음 프로그램에서 밑줄을 채워 보세요.

```
text = "우리나라 국가대표"
print(text)
print(text[___])
print(text[___])
print(text[___])
```

📋 실행 결과

우리나라 국가대표
우
나
가

Q4-11. 다음은 문자열의 첫 문자와 끝 문자를 추출합니다. 밑줄을 채워 보세요.

```
text = "안녕 반가워!"
print("첫 문자:", text[___])
print("끝 문자:", text[___])
```

📋 실행 결과

첫 문자: 안
끝 문자: !

연습문제 4장. 연산자

E4-1. 다음은 연산자 %에 관한 문제입니다. 프로그램의 실행 결과는 무엇일까요?

```
print(10 % 3)
print(12 % 5)
print(8 % 2)
```

📋 실행 결과

E4-2. 다음은 대입 연산자에 관한 문제입니다. 프로그램의 실행 결과는 무엇일까요?

```
a = 6
b = 3
a += 3        # a = a + 3과 동일
b -= a        # b = b - a와 동일
print("a =", a, ", b =", b)
```

📋 실행 결과

E4-3. 다음은 문자열 추출에 관한 문제입니다. 밑줄을 채워 보세요.

```
text = "python is nice!"
print(text[_____])
print(text[_____:_____])
print(text[:_____])
print(text[_____:])
```

📋 실행 결과

p
ython
python i
s nice!

E4-4. 다음은 문자열 추출에 관한 문제입니다. 밑줄을 채워 보세요.

```
text = "우리나라 좋은나라"
print(text[_____:_____])
print(text[:_____])
print("문자열의 길이:", _____(text))
```

📋 실행 결과

나라 좋은
우리나라 좋
문자열의 길이: 9

5장
입력과 출력

01. 키보드 입력하기

프로그래밍을 하다 보면 컴퓨터 키보드로 값을 입력받아 처리해야 하는 경우가 종종 생기게 됩니다.

1 문자열 입력하기

키보드로 문자열을 입력받아 처리하는 다음의 예를 살펴볼까요?

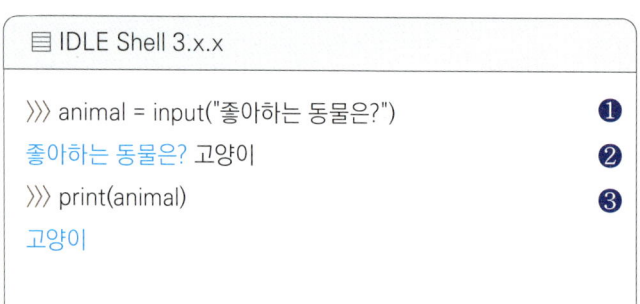

키보드 입력에는 input() 함수 이용!

❶   animal = input("좋아하는 동물은?")

input("좋아하는 동물은?")은 괄호 안의 메시지 "좋아하는 동물은?"을 화면에 출력합니다.

그리고 나서 우리가 키보드로 데이터를 입력하길 기다립니다.

❷   좋아하는 동물은? 고양이

키보드로 '고양이'라고 입력하면 문자열 '고양이'가 변수 animal에 저장됩니다.

❸   print(animal)

변수 animal은 위에서 키보드로 입력한 문자열 '고양이'의 값을 가지기 때문에 print(animal)은 화면에 '고양이'를 출력하게 됩니다.

2 정수 입력하기

키보드로 두 개의 정수를 입력받아 두 수의 합을 화면에 출력하는 다음의 예제를 살펴볼까요?

int()는 문자열을 정수로 변환!

❶   a = int(input("첫 번째 정수를 입력하세요 : "))

키보드로 첫 번째 정수에 해당되는 문자열을 입력받아 int() 함수를 이용하여 정수로 변환한 다음 변수 a에 저장합니다.

> **TIPS 키보드 입력과 문자열**
>
> 컴퓨터에서 키보드로 입력하는 모든 데이터는 문자열로 처리됩니다.
>
> 예를 들어 위에서와 같이 키보드로 23을 입력하면 입력 받은 데이터는 문자열 "23"이 됩니다.
>
> 정수인 23으로 처리하기 위해서 int() 함수를 사용하는 것입니다.

키보드로 입력하는 것은 문자열이 되는군요!

❷ 　첫 번째 정수를 입력하세요 : 23

키보드로 23을 입력하면 위의 팁에서 설명한 것과 같이 문자열 "23"이 됩니다 . ❶의 int() 함수는 문자열 "23"을 정수 23으로 변환하여 변수 a에 저장합니다.

❸ 　b = int(input("두 번째 정수를 입력하세요 : "))
　두 번째 정수를 입력하세요 : 12

키보드로 두 번째 정수를 입력받아 int() 함수를 이용하여 정수로 변환한 다음 변수 b에 저장합니다.

❹ 　c = a + b
　print(c)

변수 a(값:23)와 변수 b(값:12)를 더한 결과 값인 35를 변수 c에 저장합니다.
print(c)는 변수 c의 값 35를 화면에 출력합니다.

직접 코딩해 보세요!

Q5-1. 키보드로 자신의 이름을 입력하여 name에 저장한 다음 실행 결과와 같이 출력하는 프로그램을 작성하세요.

📋 실행 결과

이름을 입력하세요 : 황지영
나는 황지영 입니다.

Q5-2. 키보드로 자신의 나이를 입력하여 age에 저장한 다음 실행 결과와 같이 출력하는 프로그램을 작성하세요.

📋 실행 결과

나이를 입력하세요 : 10
나는 10 살 입니다.

Q5-3. 키보드로 두 정수를 하나씩 입력받아 각각 변수 num1과 num2에 저장한 다음 두 수의 곱을 구하는 프로그램을 작성하세요.

📋 실행 결과

첫 번째 정수를 입력하세요 : 10
두 번째 정수를 입력하세요 : 20
200

02. 화면 출력하기

지금까지 데이터나 변수 값을 화면에 출력하는 데에 print() 함수를 사용하였습니다. 이번에는 이 print() 함수에 대해 좀 더 자세히 공부해 볼까요?

1 기본적인 print() 함수 사용법

print() 함수는 기본적으로 다음과 같이 괄호 안에 있는 변수나 데이터를 출력하는 역할을 수행합니다.

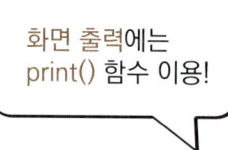

화면 출력에는 print() 함수 이용!

```
>>> age = 16
>>> print("나의 나이는", age, "살 입니다.")    ❶
나의 나이는 16 살 입니다.                    ❷
```

❶ print("나의 나이는", age, "살 입니다.")

print() 함수의 괄호 안에는 문자열, 정수, 실수 등의 데이터와 변수가 사용될 수 있습니다.

여기서 "나의 나이는"과 "살 입니다"는 문자열, age는 변수명입니다. 각 항목을 구분할 때에는 콤마(,)가 사용됩니다.

❷ 나의 나이는 16 살 입니다.

❶에서와 같이 print() 함수에서 콤마를 사용하면 ❷에 나타난 것과 같이 각 항목 사이에 공백이 하나 출력됩니다.

❷ sep을 이용한 출력

sep을 이용하면 화면에 출력되는 각 항목 사이에 들어가는 문자열을 지정할 수 있습니다.

```
IDLE Shell 3.x.x
>>> num1 = "010"
>>> num2 = "1234"
>>> num3 = "4567"
>>> print(num1, num2, num3, sep = "-")      ❶
010-1234-4567
```

sep은 'separator' (구분자)의 약어!

TIPS 전화번호는 숫자일까 문자열일까?

컴퓨터에서 숫자(정수와 실수)는 연산을 할 수 있는 데이터 형을 의미합니다.

성적, 나이, 온도, 거리 등은 말 그대로 덧셈, 뺄셈 등의 연산을 적용될 수 있기 때문에 숫자로 처리하게 됩니다.

그러나 전화번호는 더하거나 빼지 않기 때문에 "010", "2222", "010-1111-2222" 등에서와 같이 문자열로 처리합니다.

따라서 전화번호는 큰 따옴표(")나 작은 따옴표(')로 감싸야 합니다.

전화번호는 문자열로 처리!

❶ print(num1, num2, num3, sep = "-")

휴대폰 번호의 각 숫자를 변수로 저장한 다음 print() 함수로 화면 출력 시 구분 기호 sep을 "-"로 설정하고 있습니다. 이렇게 해서 하이픈(-)으로 연결된 전화번호를 만들 수 있답니다.

이번에는 sep을 이용하여 년, 월, 일을 변수에 저장한 다음 "년/월/일"과 같은 형태로 출력하는 방법을 공부해 볼까요?

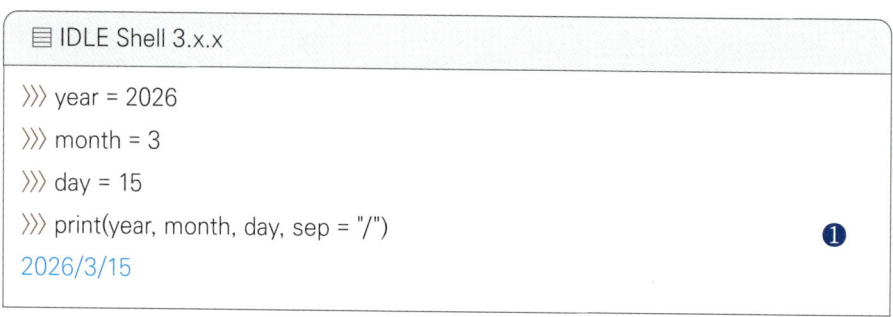

❶ print(year, month, day, sep = "/")

sep에 "/"를 설정하면 ####/##/##와 같은 형태로 년월일을 출력할 수 있습니다.

직접 코딩해 보세요!

Q5-4. 키보드로 년월일을 하나씩 입력받아 각각 변수 year, month, day에 저장한 다음 sep을 이용하여 실행 결과에서와 같이 출력하세요.

📋 실행 결과

년을 입력하세요 : 2026
월을 입력하세요 : 9
일을 입력하세요 : 28
2026-9-28

Q5-5. 키보드로 이메일의 앞 부분과 뒷 부분을 입력받아 각각 변수 email1과 email2에 저장한 다음 sep 키워드를 이용하여 실행 결과에서와 같이 출력하세요.

📋 실행 결과

이메일 앞 부분을 입력하세요 : hong
이메일 뒷 부분을 입력하세요 : naver.com
hong@naver.com

3 연결 연산자 +를 이용한 출력

print() 함수를 이용하여 화면 출력 시 문자열 연결 연산자 +를 이용하면 편리하게 문자열을 출력할 수 있습니다.

```
IDLE Shell 3.x.x
>>> age = 20
>>> print("나이 : " + str(age) + "세")
나이 : 20세
```
❶

❶ print("나이 : " + str(age) + "세")

연결 연산자 +는 문자열 "나이 : ", str(age), "세"를 하나의 문자열로 만듭니다.

변수 age는 정수형이기 때문에 str() 함수를 이용하여 문자열로 변환하여야 합니다.

연결 연산자 +를 사용할 때는 연결되는 모든 항목들이 반드시 문자열이어야 합니다.

그렇지 않을 경우에는 다음과 같은 오류가 발생하게 된답니다.

str()은 데이터 형을 문자열로 변환!

```
IDLE Shell 3.x.x
>>> age = 20
>>> print("나이 : " + age + "세")                    ❶
Traceback (most recent call last):
  File "<pyshell#29>", line 1, in <module>
    print("나이 : " + age + "세")
TypeError: can only concatenate str (not "int") to str
```

❶   print("나이 : " + age + "세")

"나이: "와 "세"는 문자열인데 반하여 변수 age는 정수 값 20을 갖기 때문에 오류가 발행하는 것입니다.

연결 연산자 +를 이용할 때에는 각 항목들이 모두 문자열의 데이터 형을 가져야 합니다.

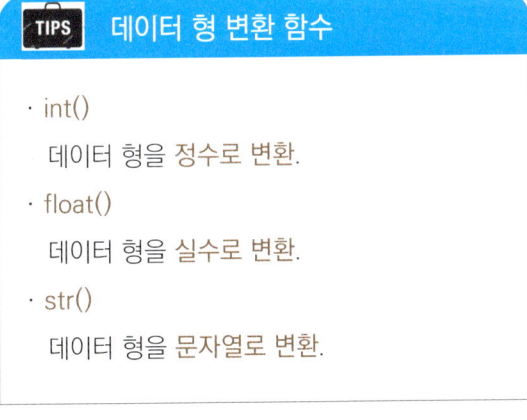

4 %를 이용한 출력

프로그래밍을 할 때 처리 결과를 화면에 원하는 형태로 정확하게 출력해야 하는 경우가 자주 발생합니다. 이러한 경우에는 print() 함수를 이용한 출력 시 % 기호를 주로 사용합니다.

그럼 % 기호를 이용하여 다음과 같이 출력하는 연습을 해볼까요?

국어 : 80, 영어 : 85, 수학 : 92

```
IDLE Shell 3.x.x
>>> kor = 80
>>> eng = 85
>>> math = 92
>>> print("국어 : %d, 영어 : %d, 수학 : %d" % (kor, eng, math))
국어 : 80, 영어 : 85, 수학 : 92
```

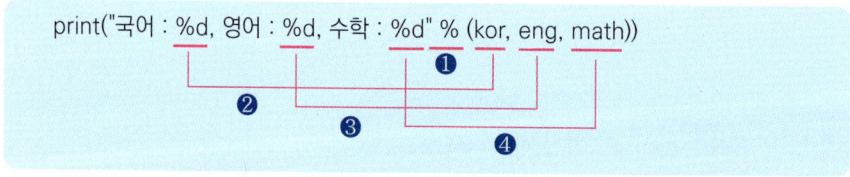

❶ % 기호를 중심으로 왼쪽에는 출력할 문자열, 오른쪽에는 문자열에 포함된 %d의 위치에 삽입되는 변수의 목록이 들어가게 됩니다.

❷ 국어 성적이 들어가는 첫 번째 %d의 위치에는 kor의 값 80이 들어갑니다.

❸ 영어 성적이 입력되는 두 번째 %d의 위치에는 eng의 값 85가 들어갑니다.

❹ 수학 성적이 입력되는 세 번째 %d의 위치에는 math의 값 92가 %d의 위치에 들어갑니다.

> **TIPS** %d
>
> %d에서 'd'는 'decimal integer'의 약어로 십진 정수형 숫자를 의미합니다.

이번에는 %를 이용하여 실수와 문자열을 출력하는 것에 대해 알아봅시다.

```
IDLE Shell 3.x.x
>>> name = "안지영"
>>> height = 167.325
>>> print("%s님의 키는 %.1f cm 입니다." % (name, height)) ❶
안지영님의 키는 167.3 cm 입니다.
```

%d : 정수
%f : 실수
%s : 문자열

❶ %s에서 's'는 'string'의 약어로 문자열을 의미합니다. 따라서 %s의 위치에 문자열 name의 값인 "안지영"이 출력됩니다.

%.1f에서 'f'는 'floating point'의 약어로 실수를 의미하고 '.1'은 소수점 첫째 자리까지만 화면에 출력하라는 의미입니다.

따라서 실행 결과에 변수 height의 소수 첫째 자리까지의 값 167.3이 출력됩니다.

지금까지 공부한 %d, %s, %f 등을 우리는 포맷팅 코드라고 부릅니다.

포맷팅 코드의 사용 예를 표로 정리하면 다음과 같습니다.

포맷팅 코드	의미
%d	정수
%s	문자열
%f	실수
%3d	3자리 정수
%02d	2자리 정수, 1자리일 경우 앞에 0을 채움
%5s	5자리 문자열
%.2f	소수점 둘째 자리까지 표시

위의 표에 있는 포맷팅 코드를 활용하는 연습을 좀 해볼까요?

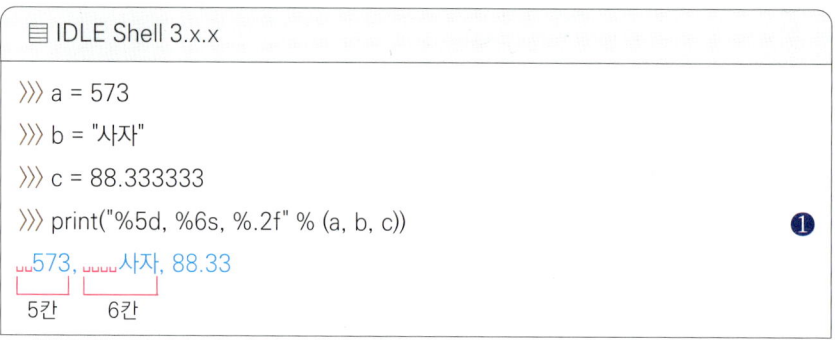

❶ 실행 결과에 나타난 것과 같이 %5d는 정수 5칸, %6s는 문자열 6칸의 자리를 차지하게 됩니다.

그리고 %.2f는 소수점 둘째 자리까지만 표시합니다.

직접 코딩해 보세요!

Q5-6. 다음에서와 같이 자신의 이름, 학년, 반, 키를 각각 변수 name, grade, ban, height에 저장한 다음 % 기호를 이용하여 실행 결과에서와 같이 출력하세요.

```
name = "김영수"   # 자신의 이름
grade = 5     # 자신의 학년
ban = 3    # 자신의 반
height = 150    # 자신의 키
```

📋 실행 결과

이름 : 김영수
학년 : 5 학년
반 : 3 반
키 : 150.00

Q5-7. 다음에서와 같이 년월일이 변수 year, month, day에 저장되어 있을 때, % 기호를 이용하여 실행 결과에서와 같이 출력하세요.

```
year = 2026
month = 3
day = 5
```

📋 실행 결과

2026/03/05

5 f를 이용한 출력

앞에서 배운 %를 이용한 print() 출력은 데이터 형이 문자열, 정수, 실수에 따라 %s, %d, %f에서와 같이 특수 기호를 사용하기 때문에 다소 복잡합니다.

print() 함수에서 f를 이용하면 좀 더 간단하게 다양한 데이터를 화면에 쉽게 출력할 수 있습니다

```
IDLE Shell 3.x.x

>>> fruit = "사과"
>>> score = 90
>>> height = 145.5
>>> x = 10/3
>>> print(f"{fruit} / {score} / {height} / {x:.2f}")
사과 / 90 / 145.5 / 3.33
```

print() 함수에서 f를 이용하는 방법은 다음과 같습니다.

1) 따옴표(" 또는 ') 앞에 f를 붙입니다.
2) 변수를 중괄호 { }를 이용하여 감쌉니다. {변수명}으로 하면 해당 위치에 변수의 값이 출력됩니다.
3) {x:.2f}는 실수형 데이터를 소수점 둘째 자리까지 표시하라는 의미입니다.

직접 코딩해 보세요!

Q5-8. 다음과 같이 주어진 변수 name과 age를 f를 이용하여 실행 결과에서와 같이 출력하세요.

name = "김지민"
age = 9

▤ 실행 결과
이름: 김지민
나이: 9

Q5-9. 다음과 같이 전화번호가 변수 tel1, tel2, tel3에 저장되어 있을 때, f를 이용하여 실행 결과에서와 같이 출력하세요.

tel1 = "010"
tel2 = "1234"
tel3 = "5678"

▤ 실행 결과
01012345678
010-1234-5678

연습문제 5장. 입력과 출력

E5-1. 이름과 나이를 키보드로 입력받아 각각 변수 name과 age에 저장한 다음 콤마(,)로 출력하는 프로그램입니다. 밑줄 친 부분을 채우세요.

```
name = input("이름은?")
age = int(input("나이는?"))
print("이름:"_____ name)
print("나이:"_____ age)
```

📋 실행 결과

이름은? 홍지수
나이는? 11
이름: 홍지수
나이 : 11

E5-2. 1번 문제와 동일한 결과를 가져오는 프로그램입니다. 밑줄 친 부분을 채우세요. 단, 여기서는 출력할 때 문자열 연결 연산자 +를 사용함.

```
name = input("이름은?")
age = int(input("나이는?"))
print("이름: " + _____)
print("나이: " _____ _____(age))
```

E5-3. 1번 문제와 동일한 결과를 가져오는 프로그램입니다. 밑줄 친 부분을 채우세요. 단, 여기서는 출력할 때 % 기호를 사용함.

```
name = input("이름은?")
age = int(input("나이는?"))
print("이름: _____" _____ name)
print("나이: _____" _____ age)
```

E5-4. 1번 문제와 동일한 결과를 가져오는 프로그램입니다. 밑줄 친 부분을 채우세요. 단, 여기서는 출력할 때 f를 사용함.

```
name = input("이름은?")
age = int(input("나이는?"))
print(f"이름: ___name___")
print(f"나이: ___age___")
```

E5-5. 키보드로 두 개의 숫자를 각각 입력받아 변수 a와 b에 저장한 다음 두 수의 나눗셈 결과를 실행 결과에서와 같이 출력하는 프로그램을 작성하세요.

📋 실행 결과

첫 번째 숫자를 입력하세요 : 10
두 번째 숫자를 입력하세요 : 3
10 / 3 = 3.33

6장
기초 코딩
- 도형넓이·단위환산·거스름돈 -

01. 도형 넓이 구하기

코딩의 고수가 되기 위해서는 무엇보다 프로그램을 많이 작성해봐야 합니다.

지금까지 배운 지식을 토대로 삼각형의 넓이를 구하는 프로그램을 작성해 봅시다.

1 삼각형의 넓이 구하기

삼각형의 넓이를 구하는 방법은 다음과 같습니다.

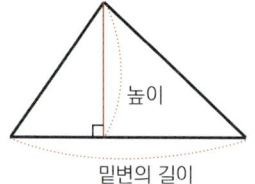

삼각형의 넓이 = 밑변의 길이 x 높이 / 2

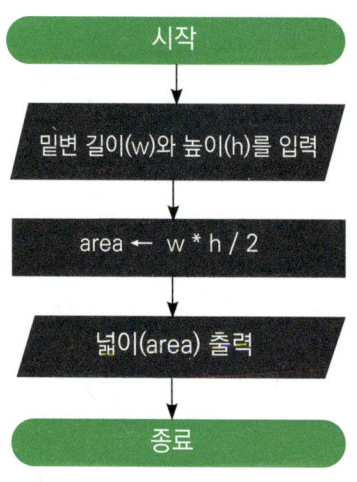

본격적인 코딩 공부 시작이당~~~

자 그럼 실제로 IDLE 에디터를 이용하여 삼각형의 넓이를 구하는 프로그램을 작성해 봅시다.

```
6-1.py
File  Edit  Format  Run  Options  Window  Help

w = int(input("삼각형 밑변의 길이를 입력하세요: "))      ❶
h = int(input("삼각형 높이를 입력하세요: "))            ❷


area = w * h / 2                                      ❸
print(f"삼각형의 넓이 : {area:.1f} ㎠")                ❹
```

> **TIPS ㎠는 어떻게 입력하나요?**
>
> ㎠와 같은 특수 문자를 IDLE 에디터나 메모장 같은 편집기에서 입력하려면 다음과 같이 하면 됩니다.
>
> (1) 키보드에서 'ㄹ'을 입력한 다음 바로 자판 아래에 있는 '한자' 키를 누릅니다.
> (2) 특수 문자를 선택할 수 있는 창이 나오면 ㎠를 키보드 화살표나 마우스로 선택한 다음 엔터키를 누릅니다.
>
> ※ 'ㄹ' 외에도 다른 자음 키('ㅁ', 'ㄱ', 'ㄴ', 'ㅇ', … 등)를 입력한 다음 '한자' 키를 누르면 다양한 특수 문자를 사용할 수 있어요.

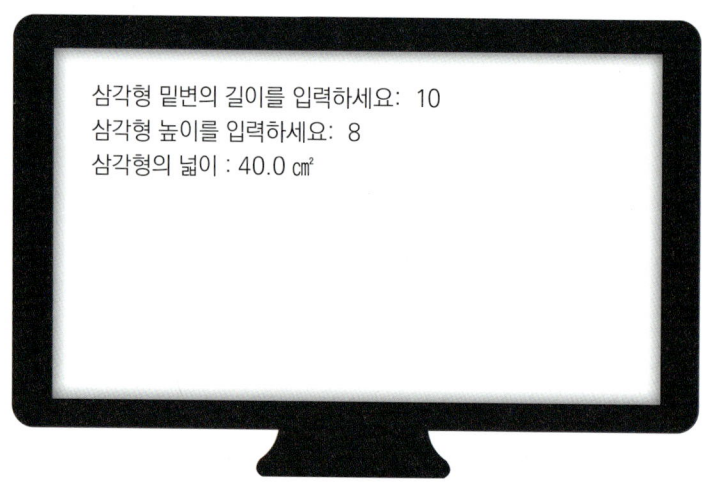

❶   w = int(input("삼각형 밑변의 길이를 입력하세요: "))

키보드로 삼각형의 밑변의 길이를 입력 받아 w에 저장합니다.

❷   h = int(input("삼각형 높이를 입력하세요: "))

같은 방법으로 삼각형의 높이를 입력 받아 h에 저장합니다.

❸   area = w * h / 2

삼각형의 넓이를 계산하여 area에 저장합니다.

❹   print(f"삼각형의 넓이 : {area:.1f} ㎠")

실행 결과에 나타난 것과 같이 '삼각형의 넓이 : 40.0 ㎠'를 출력(밑변의 길이와 높이로 각각 10과 8이 입력되었다고 가정)합니다. .1f는 소수점 첫째 자리까지 출력합니다.

직접 코딩해 보세요!

Q6-1. 사각형의 가로 길이와 세로 길이를 입력받아 각각 w와 h에 저장한 다음 사각형의 넓이를 구하는 프로그램을 작성해 보세요.

실행 결과

사각형의 가로 길이를 입력하세요 : 10
사각형의 세로 길이를 입력하세요 : 6
사각형의 넓이: 60

Q6-2. 평행 사변형의 밑변의 길이와 높이를 입력받아 각각 w와 h에 저장한 다음 평행 사변형의 넓이를 구하는 프로그램을 작성해 보세요.

실행 결과

평행 사변형의 밑변 길이를 입력하세요 : 8
평행 사변형의 높이를 입력하세요 : 5
평행 사변형의 넓이: 40

2 원의 넓이 구하기

원의 넓이를 구하는 공식은 다음과 같습니다.

원의 넓이 : πr^2

원의 넓이 = 반지름 x 반지름 x 3.14

6-2.py

File Edit Format Run Options Window Help

```
r = int(input("원의 반지름을 입력하세요: "))
area = r * r * 3.14
print(f"원의 넓이 : {area:.2f}㎠")
```
❶
❷
❸

```
원의 반지름을 입력하세요: 15
원의 넓이 : 706.50㎠
```

❶　r = int(input("원의 반지름을 입력하세요: "))

키보드로 원의 반지름을 입력 받아 정수로 변환하여 r에 저장합니다.

❷　area = r * r * 3.14

원의 넓이를 구하는 공식을 이용하여 원의 넓이를 계산하여 area에 저장합니다.

❸　print(f"원의 넓이 : {area:.2f}㎠")

실행 결과에 나타난 것과 같이 원의 넓이를 출력합니다.

❸ 사다리꼴의 넓이 구하기

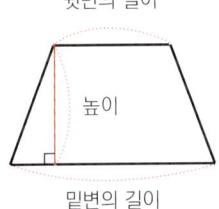

윗변의 길이
높이
밑변의 길이

사다리꼴의 넓이를 구하는 공식은 다음과 같습니다.

사다리꼴의 넓이 = (밑변의 길이 + 윗변의 길이) / 2 x 높이

```
6-3.py
File  Edit  Format  Run  Options  Window  Help

top = int(input("사다리꼴 윗변의 길이를 입력하세요: "))         ❶
bottom = int(input("사다리꼴의 밑변의 길이를 입력하세요: "))
height = int(input("사다리꼴의 높이를 입력하세요: "))

area = (top + bottom) / 2 * height                              ❷
print(f"사다리꼴의 넓이 : {area:.1f}㎠")                         ❸
```

```
사다리꼴 윗변의 길이를 입력하세요: 10
사다리꼴의 밑변의 길이를 입력하세요: 8
사다리꼴의 높이를 입력하세요: 5
사다리꼴의 넓이 : 45.0㎠
```

❶
```
top = int(input("사다리꼴 윗변의 길이를 입력하세요: "))
bottom = int(input("사다리꼴의 밑변의 길이를 입력하세요: "))
height = int(input("사다리꼴의 높이를 입력하세요: "))
```

키보드로 사다리꼴 밑변의 길이, 윗변의 길이, 높이를 입력받아 각각 bottom, top, height에 저장합니다.

❷
```
area = (bottom + top) / 2 * height
```

사다리꼴의 넓이를 구하는 공식을 이용하여 넓이를 계산하여 area에 저장합니다.

❸
```
print(f"사다리꼴의 넓이 : {area:.1f}㎠")
```

실행 결과에 나타난 것과 같이 사다리꼴의 넓이를 화면에 출력합니다.

직접 코딩해 보세요!

Q6-3. 마름모 대각선의 가로 길이와 대각선의 세로 길이를 키보드로 입력받아 각각 w와 h에 저장한 다음 마름모의 넓이를 구하는 프로그램을 작성해 보세요.
※ 마름모의 넓이 = 대각선의 가로 길이 x 대각선의 세로 길이 / 2

실행 결과 예시

마름모 대각선의 가로 길이를 입력하세요. 10
마름모 대각선의 세로 길이를 입력하세요. 6
마름모의 넓이는 30.0입니다.

Q6-4. 원기둥의 밑면의 반지름과 높이를 입력 받아 각각 r과 h에 저장한 다음 원기둥의 부피를 구하는 프로그램을 작성해 보세요.
※ 원기둥 부피 = 3.14 x 반지름 x 반지름 x 높이

실행 결과 예시

원기둥의 밑면의 반지름을 입력하세요. 5
원기둥의 높이를 입력하세요. 8
원기둥의 부피는 628.0입니다.

02. 단위 환산하기

신체나 옷의 치수를 이야기할 때 센티미터 혹은 인치를 사용하고, 무게의 단위는 일반적으로 킬로그램을 사용하는데 종종 파운드가 사용될 때도 있습니다.

길이와 무게 단위에 대한 환산법을 공부해 봅시다.

1 인치를 센티미터로 변환

인치를 센티미터로 환산하는 공식은 다음과 같습니다.

센티미터 = 인치 x 2.54

```
6-4.py
File  Edit  Format  Run  Options  Window  Help

inch = int(input("인치를 입력하세요: "))
cm = inch * 2.54                                    ❶

print()                                             ❷
print(f"인치 : {inch:.1f}")                         ❸
print(f"센티미터 : {cm:.1f}")
```

인치에 2.54를 곱하면 센티미터가 돼요!

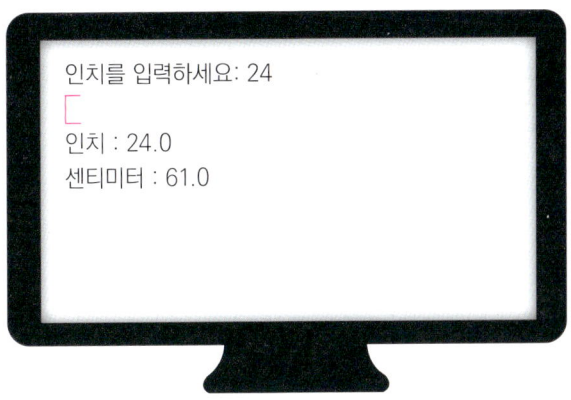

❶　cm = inch * 2.54

키보드로 입력된 인치에 2.54를 곱한 다음 변수 cm에 저장합니다.

❷　print()

print() 함수는 실행 결과 화면에 나타난 것과 같이 빈 줄을 하나 삽입합니다.

❸　print(f"인치 : {inch:.1f}")
　　print(f"센티미터 : {cm:.1f}")

실행 결과 화면에 나타난 것과 같이 키보드로 입력된 인치와 변환된 센티미터 값을 출력합니다.

2 킬로그램을 파운드로 변환

미국에서는 무게 단위로 파운드를 주로 사용합니다. 킬로그램을 파운드로 환산하는 공식은 다음과 같습니다.

파운드 = 킬로그램 × 2.2046

킬로그램에 2.2046을 곱하면 파운드!

```
6-5.py
File  Edit  Format  Run  Options  Window  Help

kg = int(input("킬로그램을 입력하세요: "))
pound = kg * 2.2046

print()
print(f"킬로그램 : {kg:.2f}")
print(f"파운드 : {pound:.2f}")
```

```
킬로그램을 입력하세요: 25

킬로그램 : 25.00
파운드 : 55.12
```

킬로그램을 파운드로 환산하는 것은 앞의 인치를 센티미터로 변환하는 경우와 거의 같기 때문에 프로그램의 상세한 설명은 생략합니다.

3 화씨를 섭씨로 변환

미국에서는 온도 단위로 화씨를 사용합니다. 화씨 32도는 섭씨로 몇 도 일까요?
화씨 온도를 섭씨 온도로 환산하는 공식은 다음과 같습니다.

섭씨 = 5/9 x (화씨 - 32)

```
6-6.py
File  Edit  Format  Run  Options  Window  Help

f = int(input("화씨 온도를 입력하세요: "))
c = 5 / 9 * (f - 32)                               ❶


print()
print("-" * 15)                                    ❷
print("화씨    섭씨 ")
print("-" * 15)
print(f"{f:.1f}   {c:.1f}")                        ❸
```

화씨는 미국, 섭씨는 우리나라!

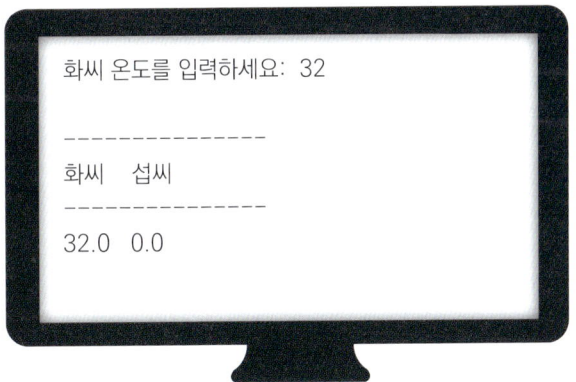

```
화씨 온도를 입력하세요: 32

---------------
화씨    섭씨
---------------
32.0   0.0
```

❶   c = 5 / 9 * (f - 32)

화씨 온도를 나타내는 변수 f에 환산 공식을 적용하여 얻은 값을 섭씨 온도를 나타내는 변수 c에 저장합니다.

❷   print("-" * 15)

문자열 "-"를 15번 반복하여 출력하게 됩니다. 실행 결과에서와 같이 화면에 문자열 "---------------"이 나타나게 됩니다.

❸   print(f"{f:.1f}   {c:.1f}")

실행 결과에서와 같이 화씨 온도 f와 그에 대응하는 섭씨 온도 c를 화면에 출력합니다.

직접 코딩해 보세요!

Q6-5. 마일(mile)을 키보드로 입력받아 킬로미터(km)로 환산하는 프로그램을 작성하세요.

※ 킬로미터(km) = 마일(mile) x 1.609344

📋 실행 결과 예시

마일(mile)을 입력하세요. 10
10 마일은 16.09344 킬로미터 입니다.

Q6-6. 미국 화폐 단위인 달러(d)를 키보드로 입력받아 우리나라 원화(w)로 환산하는 프로그램을 작성하세요.

※ 원화 = 달러 x 1130

📋 실행 결과 예시

달러를 입력하세요. 10
10 달러는 11300 원 입니다.

03. 거스름돈 계산하기

우리가 가게에서 물건을 살 때 돈을 내면 주인이 거스름돈을 거슬러줍니다. 파이썬으로 이 거스름돈을 계산하는 프로그램을 작성해 봅시다.

예를 들어, 600원 짜리 물건 3개를 사고 2,000원을 내면 거스름돈은 200원이 됩니다.

이를 공식으로 나타내 보면 다음과 같습니다.

거스름돈 = 지불금액 - (물건값 x 구매개수)

거스름돈 계산도 공식에 대입하면 끝!

6-7.py

File Edit Format Run Options Window Help

```
pay = int(input("지불 금액을 입력하세요: "))
price = int(input("물건 값을 입력하세요: "))
num = int(input("구매 개수를 입력하세요: "))
change = pay - (price * num)

print()
print(f"지불 금액 : {pay}")
print(f"물건 값 : {price}")
print(f"구매 개수 : {num}")
print("-" * 15)
print(f"거스름돈은 {change}원 입니다.")
```

❶ ❷ ❸

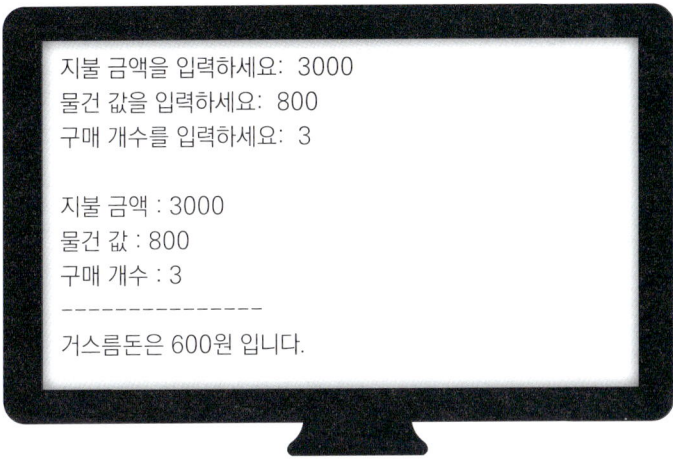

❶ 키보드로 지불 금액, 물건 값, 구매 개수를 입력받아 int() 함수를 이용하여 정수로 변환한 다음 각각 pay, price, num에 저장합니다.

❷ 거스름돈 계산 공식에 의해 계산을 하여 그 값을 거스름돈을 나타내는 변수 change에 저장합니다.

❸ 실행 결과에 나타난 것과 같이 지불 금액, 물건 값, 구매 개수, 거스름돈을 화면에 출력합니다.

연습문제 6장. 기초 코딩

E6-1. 책 가격과 배송료를 입력받아 결제 금액을 계산하는 프로그램입니다. 밑줄 친 부분을 채우세요.

```
price = _____(input("책 가격은?"))
ship  = _____(input("배송료는?"))
total = _____ + ship

print(f"결제 금액 : {_____}원")
```

▤ 실행 결과 예시

책 가격은? 20000
배송료는? 3000
결제 금액 : 23000원

E6-2. 500원짜리 동전 개수와 100원 짜리 동전 개수를 입력받아 전체 금액을 계산하는 프로그램입니다. 밑줄 친 부분을 채우세요.

```
x = int(_____("500원 동전 개수는?"))
y = int(_____("100원 동전 개수는?"))
total = 500 * _____ + 100 * _____
print(f"500 x {_____} + 100 x {_____} = {_____}원")
```

📋 실행 결과 예시

500원 동전 개수는? 4
100원 동전 개수는? 3
500 x 4 + 100 x 3 = 2300원

E6-3. 책 가격(price), 배송료(ship), 할인율(discount)를 입력받아 결제 금액을 계산하는 프로그램입니다. 밑줄 친 부분을 채우세요.
※ 결제 금액 = price – (price * discount/100) + ship

    _____ = int(input("책 가격은?"))
    ship = int(input("배송료는?"))
    _____ = int(input("할인율은?(단위:%)"))
    _____ = price – (price * discount/100) + _____

    print(f"할인율 : {_____}%")
    print(f"결제 금액 : {total:.0f}원")

📋 실행 결과 예시

책 가격은? 20000
배송료는? 3000
할인율은?(단위:%) 10
할인율 : 10%
결제 금액 : 21000원

7장
조건문 : if~ 구문

01. 조건문이란?

조건문은 '나이가 7세 이상이어야 학생이다', '나이 7세 미만은 입장료가 무료이다' 에서와 같이 주어진 조건에 따라 실행되는 프로그램 코드를 달리해야 할 경우에 사용됩니다.

다음은 나이가 7세 미만인 경우에 입장료를 무료로 하는 경우의 예입니다.

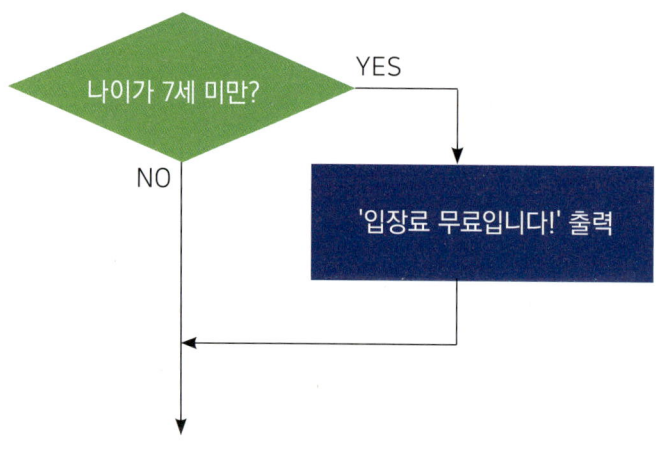

위에서 나이가 7세 미만일 경우에는 화면에 '입장료 무료입니다!' 메시지를 출력하게 됩니다.

만약 나이가 7세 미만이 아닌 경우에는 '입장료 무료입니다!'를 화면에 출력하지 않습니다.

자 그럼 실제로 IDLE 에디터를 이용하여 나이가 7세 미만일 경우 '입장료가 무료입니다!'를 출력하는 프로그램을 작성해 봅시다.

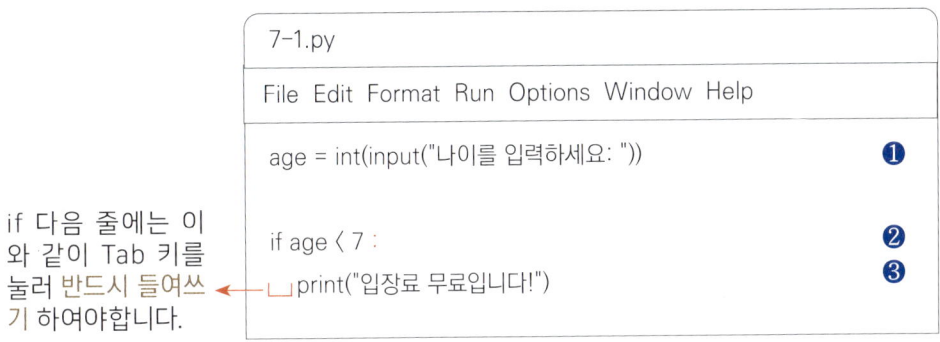

if 다음 줄에는 이와 같이 Tab 키를 눌러 **반드시 들여쓰기** 하여야 합니다.

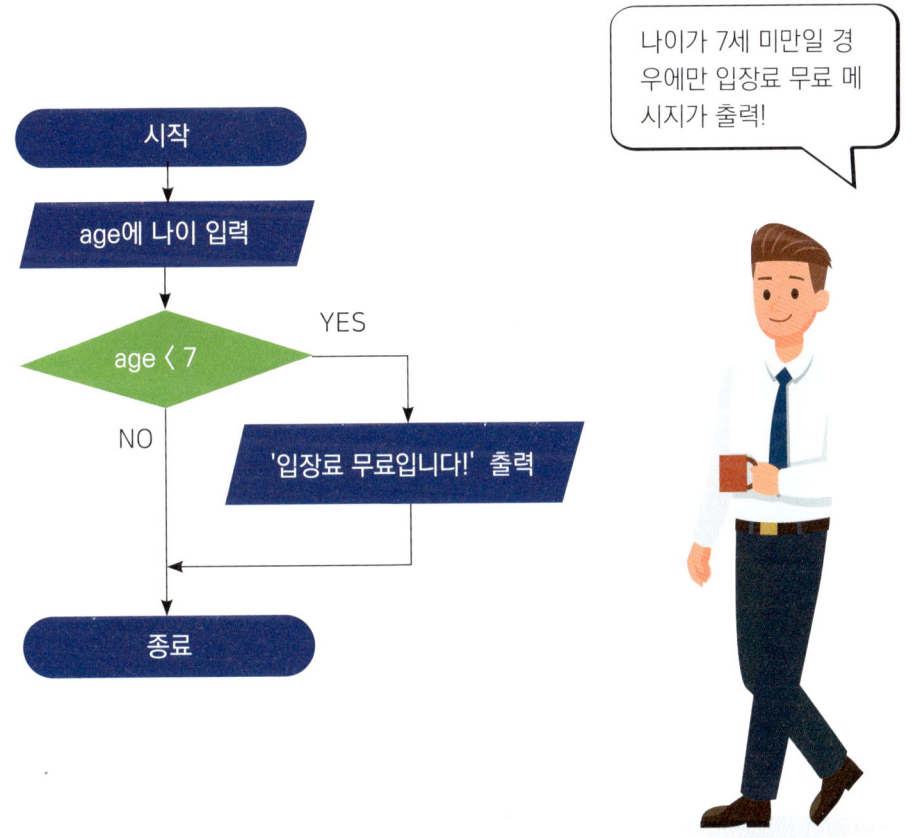

나이가 7세 미만일 경우에만 입장료 무료 메시지가 출력!

나이가 5세일 경우의 실행 결과

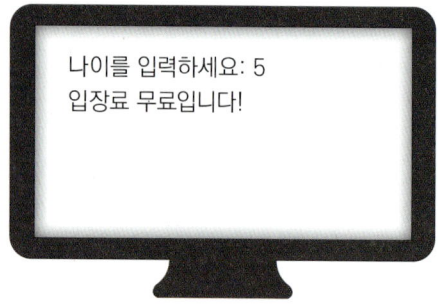

나이가 10세일 경우의 실행 결과

나이가 7세 이상이 입력되면 화면에 '입장료 무료입니다!' 가 출력되지 않습니다.

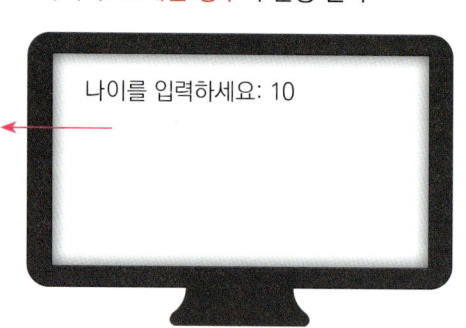

❶   age = int(input("나이를 입력하세요! "))

키보드로 나이를 입력받아 정수로 변환하여 age에 저장합니다.

❷   if age < 7 :
         [Tab] print("입장료 무료입니다!")

만약 키보드로 5가 입력되면 if의 조건식은 '5 < 7'가 됩니다.

따라서 조건식은 참(True)이 되어 탭 키로 들여쓰기 되어 있는 '입장료 무료입니다!'가 화면에 출력됩니다.

만약 나이가 10이 입력되면 if 다음에 있는 조건식은 '10 < 7'이 되어 거짓(False)이 됩니다.

이와 같이 if의 조건식이 거짓인 경우에는 if 다음의 들여쓰기 되어 있는 문장이 실행되지 않기 때문에 화면에 아무것도 출력되지 않습니다.

> **TIPS 파이썬의 들여쓰기**
>
> 위의 예에서와 같이 if 다음 줄의 문장들은 반드시 탭 키에 의해 들여쓰기가 되어 있어야 합니다.
>
> if문의 조건식이 참이면 이 들여쓰기 되어 있는 문장들이 실행된다는 것을 꼭 기억해 주세요!

탭(Tab) 키는 키보드 왼쪽 'Caps Lock' 키 위에!

파이썬의 조건문 if에는 다음의 세 가지 구문이 있다는 것을 기억해 주세요!

(1) if~ 구문 : 7장에서 배웁니다.

(2) if~ else~ 구문 : 8장에서 배웁니다.

(3) if~ elif~ else~ 구문 : 9장에서 배웁니다.

프로그램을 하다보면 위의 세 가지 구문을 각각 사용할 수도 있고 경우에 따라 이 구문들을 섞어서 사용합니다.

밑줄을 채워 보세요!

Q7-1. 점수를 입력받아 점수가 70점 이상인 경우 '합격입니다.'를 출력하는 프로그램입니다. 밑줄을 채워 보세요.

```
score = int(input("점수를 입력하세요 : "))

_____ _____ >= _____ :
    print("합격입니다.")
```

📋 실행 결과 예시 1

점수를 입력하세요 : 80
합격입니다.

📋 실행 결과 예시 2

점수를 입력하세요 : 60

02. 비교 연산자와 논리 연산자

조건문(7장~9장)과 반복문(10장)에서 주로 사용하는 비교 연산자와 논리 연산자에 대해 알아 봅시다.

- 비교 연산자 : >, <, ==, !=, >=, <=
- 논리 연산자 : and, or, not

1 비교 연산자

비교 연산자는 변수, 문자, 문자열 등을 서로 비교하여 참(True)과 거짓(False)을 판별할 때 사용합니다.

비교 연산자	의미
a > b	a는 b보다 크다
a < b	a는 b보다 작다
a == b	a와 b는 같다
a != b	a와 b는 같지 않다
a >= b	a는 b보다 크거나 같다
a <= b	a는 b보다 작거나 같다

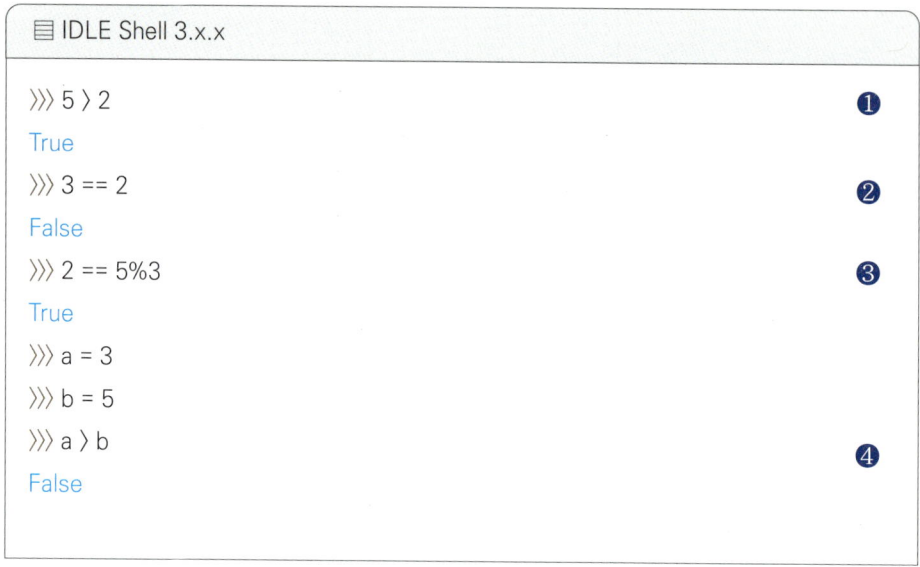

❶ '5 > 2'는 5는 2보다 크기 때문에 참이 됩니다.

❷ '3 == 2'는 3과 2는 같지 않기 때문에 거짓이 됩니다.

❸ '5%3', 즉 5를 3으로 나눈 나머지는 2가 되기 때문에 결과는 참이 됩니다.

❹ a는 3, b는 5의 값을 갖기 때문에 'a > b'는 거짓이 됩니다.

알아 맞춰 보세요!

Q7-2. 다음은 비교 연산자에 관한 문제입니다. 실행 결과는 무엇일까요?

```
a = 3
b = 5
c = 8
print(a == c)
print(a != b)
print(a > b)
```

실행 결과

Q7-3. 다음은 비교 연산자에 관한 문제입니다. 실행 결과는 무엇일까요?

```
a = 10
b = 3
c = 7
print(a <= c + b)
print(a + b != b)
```

🗒 실행 결과

2 논리 연산자

논리 연산자는 두 조건이 존재할 때 사용합니다.

논리 연산자	의미
조건1 and 조건2	조건1과 조건2가 둘 다 참이어야 전체 결과가 참
조건1 or 조건2	조건1과 조건2 중에서 하나만 참이어도 전체 결과는 참
not 조건	참을 거짓으로, 거짓을 참으로 변경

(1) and 연산자

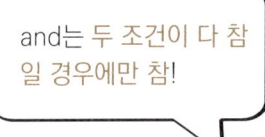

and는 두 조건이 다 참일 경우에만 참!

❶ '5 > 2'는 참, '7 > 2'도 참입니다. and 연산자에서는 두 조건이 모두 참인 경우에만 전체 조건이 참인 True가 됩니다.

❷ '5 > 2'는 참, '1 > 2'는 거짓입니다. and 연산자에서는 두 조건 중 하나라도 거짓이면 전체 조건은 거짓인 False가 됩니다.

이번에는 웹 사이트에서 관리자(id:"admin", level:1)인 경우에만 게시판 글쓰기를 가능하게 하고, 그렇지 않을 경우에는 글쓰기를 제한하고자 하는 경우에 and 연산자를 사용하여 봅시다.

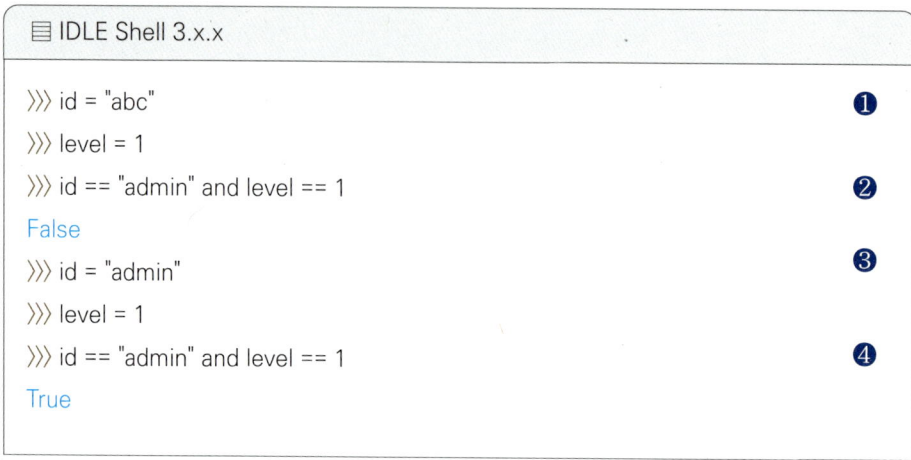

❶ 아이디를 "abc", 회원 레벨을 1로 설정합니다.

❷ id == "admin"은 거짓, level == 1은 참이 되는데, and 연산자에서는 두 조건 중 하나라도 거짓이면 전체 조건은 거짓이 됩니다.

❸ 아이디를 "admin", 회원 레벨을 1로 설정합니다.

❹ id == "admin"은 참, level == 1도 참이 되기 때문에, 즉 두 조건이 모두 참이기 때문에 and 연산자가 사용된 전체 조건은 참입니다.

이런 방식으로 아이디와 회원 레벨을 체크하여 참/거짓 결과에 따라 인터넷 게시판 글 쓰기 가능 여부를 판별할 수 있게 됩니다.

알아 맞춰 보세요!

Q7-4. 다음은 논리 연산자 and에 관한 문제입니다. 실행 결과는 무엇일까요?

```
a = 10
b = 20
print(b > a and b > 5)
print(a < b and b != 20)
print(a >= b and a == 10)
print(a > b and a == b)
```

📋 실행 결과

(2) or 연산자

or 연산자는 and 연산자와는 달리 두 조건 중 하나만 참이어도 전체 조건이 참이 됩니다.

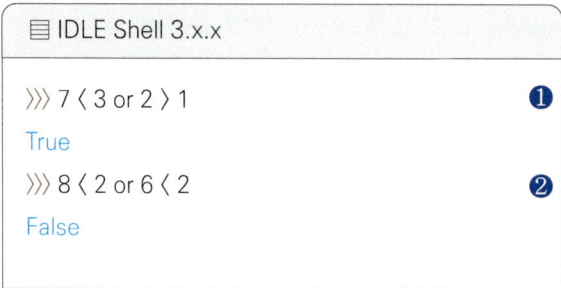

❶ '7 < 3'는 거짓, '2 > 1'는 참입니다. or 연산자에서는 두 조건 중 하나만 참이어도 전체 조건은 참인 True가 됩니다.

❷ '8 < 2'는 거짓, '6 < 2'도 거짓입니다. or 연산자에서는 두 조건이 모두 거짓인 경우에만 전체 조건이 거짓인 False가 됩니다.

알아 맞춰 보세요!

Q7-5. 다음은 논리 연산자 or에 관한 문제입니다. 실행 결과는 무엇일까요?

```
a = 10
b = 20
print(b > a or b > 5)
print(a < b or b != 20)
print(a >= b or a == 10)
print(a > b or a == b)
```

📋 실행 결과

(3) not 연산자

not 연산자는 주어진 논리의 결과를 반대로 합니다. 즉, 참을 거짓으로 거짓을 참으로 합니다.

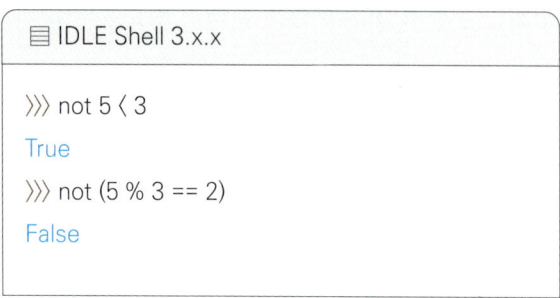

'5 < 3'은 거짓이며, 'not 5 < 3'은 not 연산자에 의해 결과를 반대로 하니 참(True)이 됩니다.

' 5%3 == 2'는 '5를 3으로 나눈 나머지는 2이다' 가 되니 참입니다. 따라서 ' not 5%3 == 2' 의 결과는 거짓(False)이 됩니다.

알아 맞춰 보세요!

Q7-6. 다음은 논리 연산자 not에 관한 문제입니다. 실행 결과는 무엇일까요?

```
a = 5
b = 8
print(not( a> b))
print(not(a == b))
print(not(a != b))
```

📋 실행 결과

_____
_____
_____

03. if~ 구문

1 if~ 구문의 기본 구조

앞 쪽에서 설명한 조건문의 세 가지 구문 중 if~ 구문의 기본 구조는 다음과 같습니다.

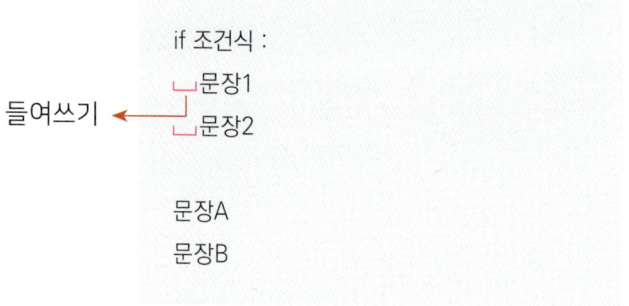

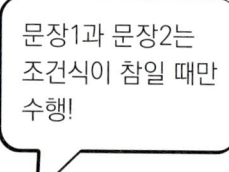

문장1과 문장2는 조건식이 참일 때만 수행!

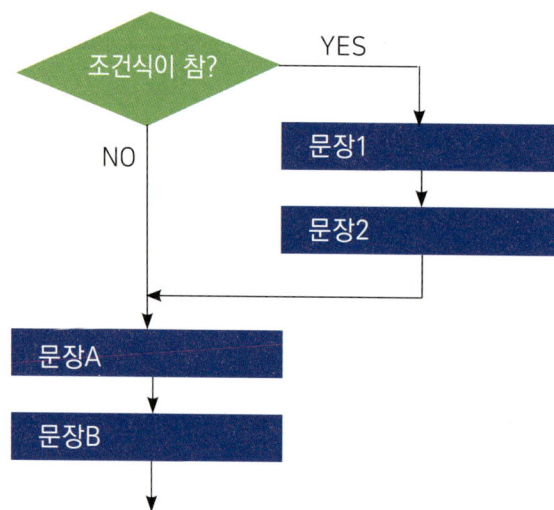

if의 조건식이 참이면 들여쓰기 되어있는 문장1과 문장2를 실행하고, 조건식이 거짓이면 이 문장1과 문장2를 실행하지 않습니다.

문장A, 문장B는 들여쓰기 되어 있지 않기 때문에 if문에 속하지 않습니다. 따라서 문장A 와 문장B는 if문과 상관없이 무조건 실행됩니다.

2 조건문에서 들여쓰기

파이썬에서는 조건문(if문)의 조건식 다음 줄의 문장들은 들여쓰기 하도록 되어 있습니다.

이 들여쓰기는 C, 자바, PHP 등 다른 프로그래밍 언어들에서는 사용하지 않는 방법입니다. 파이썬의 조건문과 다른 컴퓨터 언어에서의 조건문을 서로 비교해 볼까요?

파이썬의 if문   C, 자바, PHP 등의 if문

```
if 조건식 :                            if (조건식)
    문장1                              {
    문장2                                  문장1
                                           문장2
                                       }
```

파이썬의 조건문에서는 다른 프로그래밍 언어에서 사용하는 중괄호 { } 대신 들여쓰기를 사용합니다.

❸ 가장 작은 수 찾기

if~ 구문을 이용하여 세 개의 정수를 키보드로 입력 받아 가장 작은 수를 찾는 프로그램을 작성해 봅시다.

프로그램을 작성하기 전에 먼저 순서도를 그려보는 것도 머리 속을 정리해 보는 데 좋은 방법입니다.

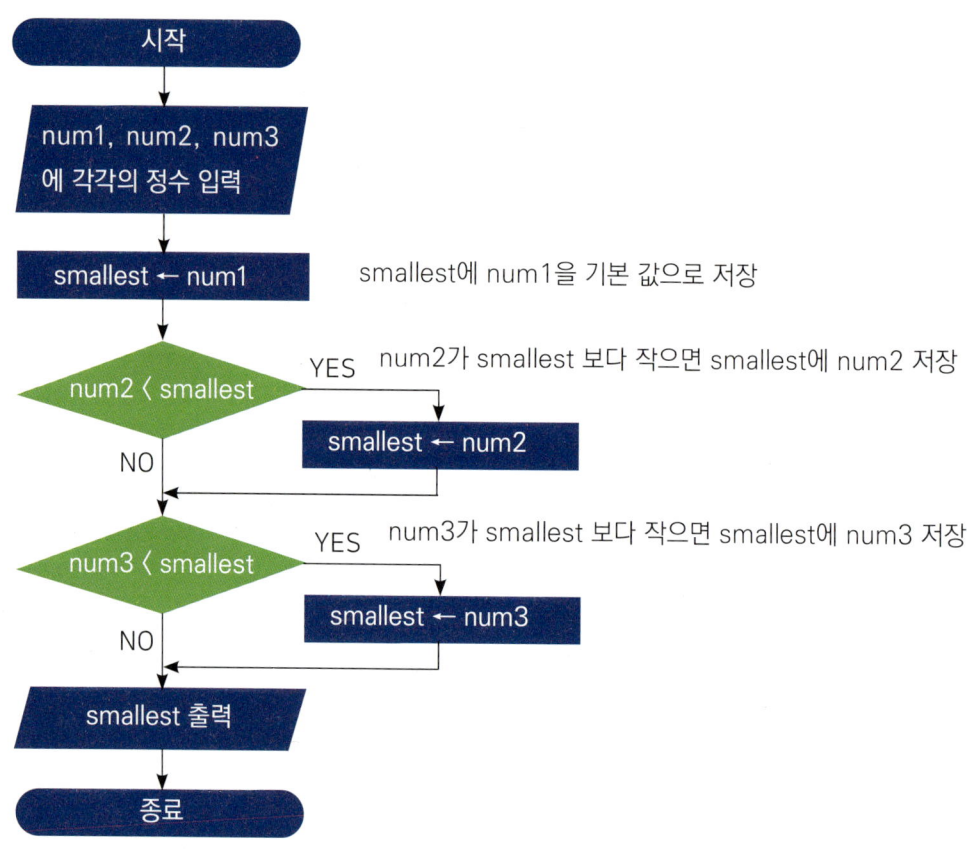

```
7-2.py
File  Edit  Format  Run  Options  Window  Help

num1 = int(input("첫 번째 정수를 입력하세요: "))
num2 = int(input("두 번째 정수를 입력하세요: "))
num3 = int(input("세 번째 정수를 입력하세요: "))

smallest = num1                    ❶

if num2 < smallest :               ❷
    smallest = num2

if num3 < smallest :               ❸
    smallest = num3

print(f"가장 작은 수 : {smallest}")   ❹
```

if~ 구문을 두 번 사용하니 되네요!

```
첫 번째 정수를 입력하세요: -10
두 번째 정수를 입력하세요: 5
세 번째 정수를 입력하세요: -15
가장 작은 수 : -15
```

❶　smallest = num1

입력 받은 첫 번째 정수인 num1의 값을 가장 작은 수를 의미하는 변수 smallest에 저장합니다.

7장. 조건문 : if~ 구문 **143**

❷   if num2 < smallest :
          smallest = num2

두 번째 정수 num2가 smallest 보다 작으면 smallest에 num2를 저장하게 됩니다. 바꾸어 말하면 'smallest = num2'의 문장은 num2가 smallest 보다 작은 경우에만 수행됩니다.

당연히 가장 작은 수를 찾는 문제이기 때문에 현재의 smallest 값 보다 num2가 작으면 num2 값을 smallest의 값으로 하게 된다는 것입니다.

❸   if num3 < smallest :
          smallest = num3

세 번째 정수 num3가 smallest 보다 작으면 smallest에 num3를 저장합니다.

❹   print(f"가장 작은 수 : {smallest}")

실행 결과에서와 같이 가장 작은 수 smallest를 포맷에 맞추어 출력합니다.

밑줄을 채워 보세요!

Q7-7. 나이를 입력 받아 7세 ~ 12세(12 포함)인 경우에는 '초등학생입니다.'를 출력하는 프로그램입니다. 밑줄을 채워보세요.

```
age = int(input("나이를 입력하세요 : "))

if age ____ 7 _____ age _____ 12 :
    print("초등학생입니다.")
```

📋 실행 결과 예시 1

나이를 입력하세요 : 13

📋 실행 결과 예시 2

나이를 입력하세요 : 10
초등학생입니다.

📋 실행 결과 예시 3

나이를 입력하세요 : 5

04. 키 큰 사람 찾기

다음 두 사람 중 누가 더 키가 클까요? 키가 큰 사람의 이름은?

두 사람의 이름과 키를 키보드로 입력 받아 둘 중 키가 큰 사람의 이름과 키를 출력하는 프로그램을 작성해 볼까요?

7-3.py

File Edit Format Run Options Window Help

```
name1 = input("첫 번째 사람의 이름을 입력하세요: ")
h1 = int(input("첫 번째 사람의 키를 입력하세요: "))
name2 = input("두 번째 사람의 이름을 입력하세요: ")
h2 = int(input("두 번째 사람의 키를 입력하세요: "))

name = name1
height = h1

if h2 > height :
    name = name2
    height = h2

print(f"키가 큰 사람의 이름 : {name}, 키 : {height}cm")
```

❶ ❷ ❸ ❹

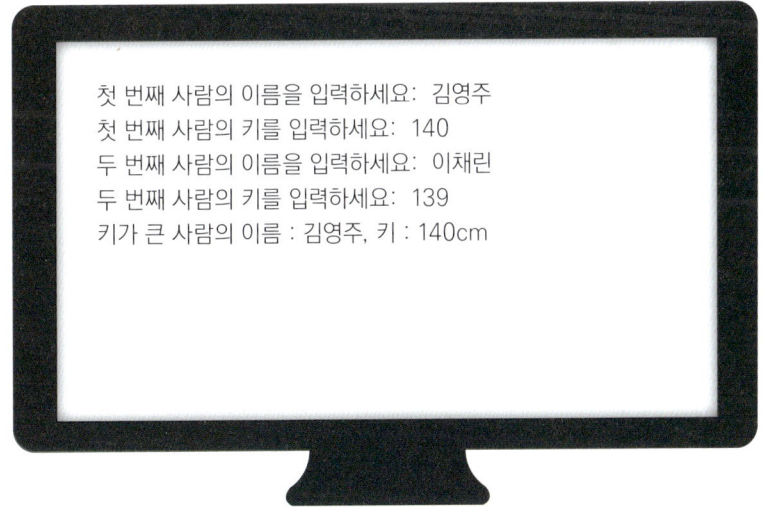

```
첫 번째 사람의 이름을 입력하세요: 김영주
첫 번째 사람의 키를 입력하세요: 140
두 번째 사람의 이름을 입력하세요: 이채린
두 번째 사람의 키를 입력하세요: 139
키가 큰 사람의 이름 : 김영주, 키 : 140cm
```

❶ ```
name = name1
height = h1
```

키 큰 사람의 이름을 나타내는 변수 name에 입력 받은 첫 번째 사람의 이름 name1을 저장합니다.

큰 사람의 키를 의미하는 변수 height에는 첫 번째 사람의 키 h1을 입력합니다.

❷ ```
if h2 > height :
```

두 번째 사람의 키가 변수 height 보다 큰 경우, 즉 조건식이 참인 경우에는 ❸의 두 문장을 수행합니다.

❸ ```
name =name2
height = h2
```

❷의 조건식이 참일 경우, 즉 h2가 height보다 클 경우는 두 번째 사람의 키가 첫 번째 사람의 키보다 큰 경우이기 때문에, name에 두 번째 사람의 이름 name2를 저장하고 변수 height에는 두 번째 사람의 키 h2를 입력합니다.

❹ ```
print(f"키가 큰 사람의 이름 : {name}, 키 : {height}cm")
```

실행 결과에서와 같이 키가 큰 사람의 이름 name과 키 height를 포맷에 맞추어 출력합니다.

밑줄을 채워 보세요!

Q7-8. 나이를 입력받아 7세 미만인 경우에는 '입장료 0원 입니다.'를 출력하고, 그렇지 않은 경우에는 '입장료 2000원 입니다.'를 출력하는 프로그램입니다. 밑줄을 채워 보세요.

```
age = int(input("나이는?"))
money = 2000

if _____ < _____ :
    money = _____

print(f"입장료 {_____}원 입니다.")
```

📋 실행 결과 예시 1

나이는? 6
입장료 0원 입니다.

📋 실행 결과 예시 2

나이는? 8
입장료 2000원 입니다.

밑줄 채워 보세요!

Q7-9. 키보드로 3, 4, 5의 숫자가 입력될 경우 '???월은 봄입니다.'를 출력하는 프로그램입니다. 밑줄을 채워 보세요. 단, 3, 4, 5 이외의 숫자가 입력된 경우에는 아무것도 출력하지 않음.

```
month = int(input("월을 입력하세요 : "))

if month == 3 _____ month == 4 _____ month == 5:
    print(f"{_____}월은 봄입니다.")
```

📋 실행 결과 예시 1

월을 입력하세요 : 4
4월은 봄입니다.

📋 실행 결과 예시 2

월을 입력하세요 : 8

연습문제 7장. 조건문 : if~ 구문

E7-1. 필기 점수와 실기 점수를 입력 받아 두 점수가 모두 80점 이상인 경우에 '합격입니다.'를 출력하는 프로그램입니다. 밑줄을 채우세요. 단, 불합격 조건에는 아무것도 출력하지 않음.

```
pilgi = _____(input("필기 점수를 입력하세요."))
silgi = _____(input("실기 점수를 입력하세요."))

if _____ >= 80 _____ _____ >=80:
    print("합격입니다.")
```

실행 결과 예시 1

필기 점수를 입력하세요. 90
실기 점수를 입력하세요. 85
합격입니다.

실행 결과 예시 2

필기 점수를 입력하세요. 70
실기 점수를 입력하세요. 90

E7-2. 키보드로 양의 정수를 입력 받아 3의 배수인지 아닌지를 판별하는 프로그램입니다. 밑줄을 채우세요.

```
num = _____(input("양의 정수를 입력하세요 : "))
result = "3의 배수가 아니다!"

if num ____ 3 == _____ :
    result = "3의 배수이다!"

print(_____)
```

📋 실행 결과 예시 1

양의 정수를 입력하세요 : 15
3의 배수이다!

📋 실행 결과 예시 2

양의 정수를 입력하세요 : 8
3의 배수가 아니다!

E7-3. 키보드로 입력 받은 정수가 30에서 100 사이(100 포함)에 있는지를 판별하는 프로그램입니다. 밑줄을 채우세요.

```
_____ = int(input("정수를 입력하세요 : "))
result = "30과 100 사이에 있지 않다!"

_____ num >= 30 _____ num <= 100 :
    result = "30과 100 사이에 있다!"

print(_____)
```

실행 결과 예시 1

정수를 입력하세요 : 50
30과 100 사이에 있다!

실행 결과 예시 2

정수를 입력하세요 : 102
30과 100 사이에 있지 않다!

E7-4. 키보드로 비밀번호를 입력 받아 그 비밀번호가 맞는지 확인하는 프로그램입니다. 밑줄을 채우세요.

```
password = input("비밀번호를 입력하세요 : ")
result = "비밀번호가 틀려요!"
answer = "12345"

if password == _____ :
    result = "비밀번호가 맞아요!"

print(_____)
```

📄 실행 결과 예시 1

비밀번호를 입력하세요 : 3884
비밀번호가 틀려요!

📄 실행 결과 예시 2

비밀번호를 입력하세요 : 12345
비밀번호가 맞아요!

8장
조건문 : if~ else~ 구문

01. if~ else~ 구문의 기본 구조

if~ else~ 구문의 기본 구조에 대해 알아봅시다.

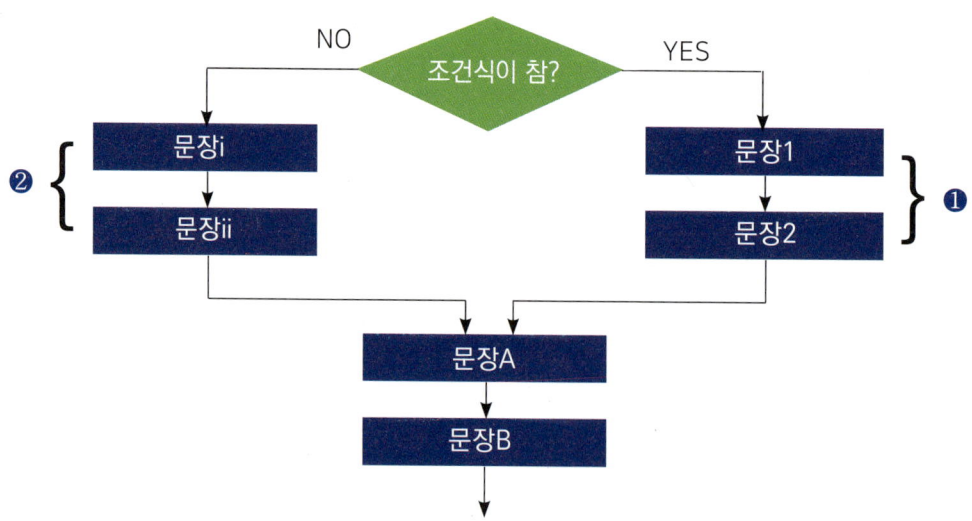

if문의 조건식이 참이면 들여쓰기 되어있는 문장1과 문장2를 수행하고, 조건식이 거짓이면 문장i과 문장ii를 수행합니다.

정리하면 조건식이 참이면 ❶의 문장들, 조건식이 거짓이면 ❷의 문장들이 수행됩니다.

이번에는 if~ else~ 구문을 이용하여 점수가 70점 이상이면 합격, 그렇지 않으면 불합격을 판정하는 프로그램에 대해 알아봅니다.

키보드로 점수를 입력 받아 70점 이상인지를 체크하여 합격/불합격을 판정하는 프로그램이 어떻게 동작하는 지 알아볼까요?

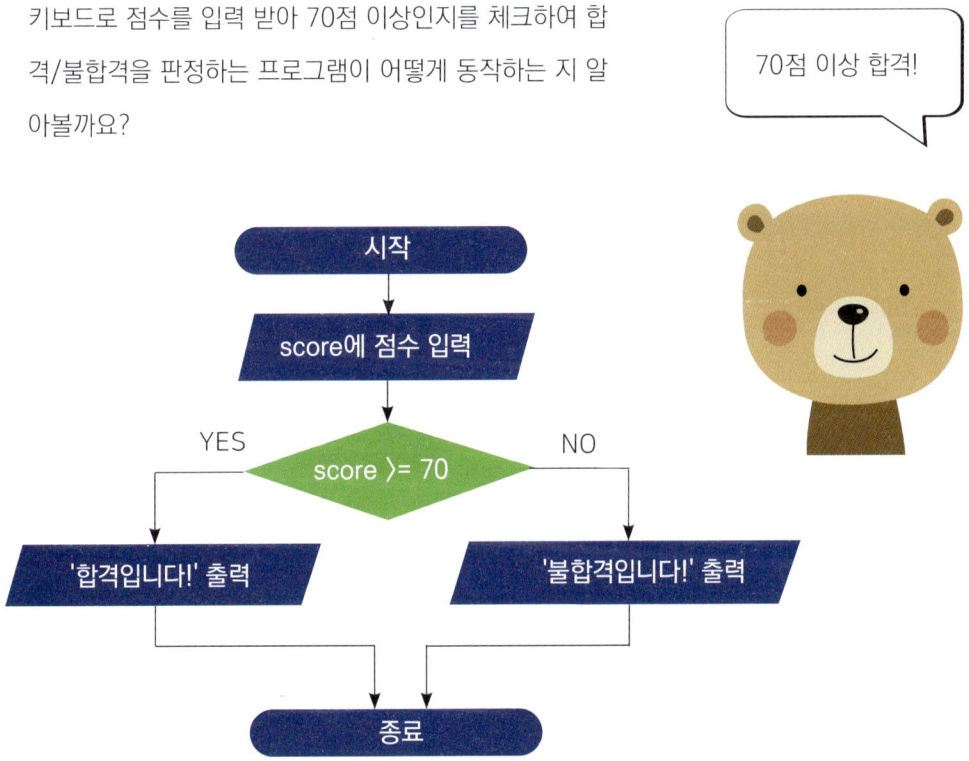

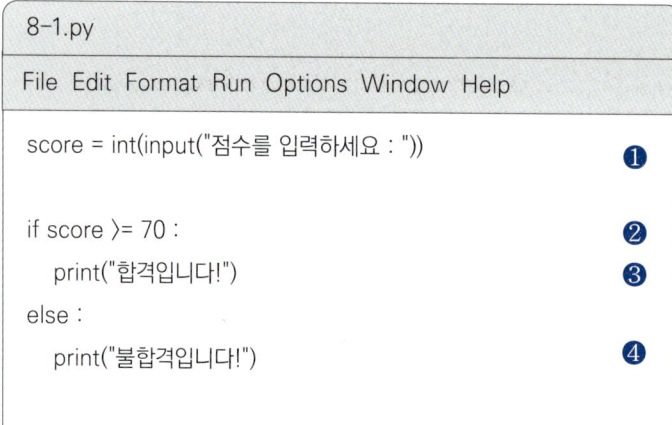

실행 결과 예시 1 : 합격 판정

```
점수를 입력하세요 : 90
합격입니다!
```

실행 결과 예시 2 : 불합격 판정

```
점수를 입력하세요 : 60
불합격입니다!
```

❶   score = int(input("점수를 입력하세요 : "))

       키보드로 점수를 입력받아 정수로 변환하여 score에 저장합니다.

❷　　if score >= 70 :

score가 70점 이상인 경우에는 if 다음의 문장인 ❸을 수행합니다. 그렇지 않은 경우에는 else 다음의 문장인 ❹를 수행합니다.

❸　　　　print("합격입니다!")

'합격입니다!'란 메시지를 화면에 출력합니다.

❹　　　　print("불합격입니다!")

실행 결과 예시 2에서와 같이 '불합격입니다!'란 메시지를 화면에 출력합니다.
이 문장은 ❷의 if문 조건식 'score >= 70'가 거짓일 경우에 실행됩니다.

02. 짝수/홀수 판별하기

어떤 수가 짝수인지 홀수인지를 어떻게 판별할 수 있을까요?

그 수를 2로 나누어서 나머지가 0이면 짝수이고, 그렇지 않고 나머지가 1이면 홀수가 됩니다. 예를 들어, 8을 2로 나누면 몫이 4, 나머지가 0이 됩니다. 따라서 8은 짝수가 됩니다.

키보드로 하나의 숫자를 입력받아 변수 num에 저장한 다음, 이 수가 짝수인지 홀수인지를 판별하는 흐름도입니다.

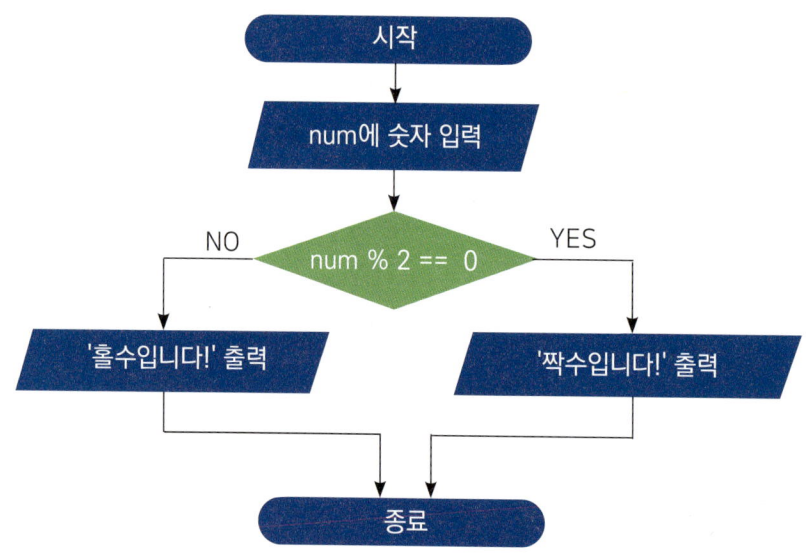

다음은 if~ else~ 구문을 이용하여 짝수/홀수를 판별하는 프로그램입니다.

```
8-2.py
File  Edit  Format  Run  Options  Window  Help

num = int(input("숫자를 입력하세요: "))          ❶

if num % 2 == 0 :                              ❷
    print("짝수입니다!")                         ❸
else :                                         ❹
    print("홀수입니다!")
```

짝수는 2로 나눈 나머지가 0!

숫자를 입력하세요: 20
짝수입니다!

숫자를 입력하세요: 17
홀수입니다!

❶　　num = int(input("숫자를 입력하세요: "))

키보드로 숫자를 입력 받아 정수로 변환하여 num에 저장합니다.

❷　　if num % 2 == 0 :

num을 2로 나눈 나머지가 0일 경우에는 ❸의 문장, 그렇지 않을 경우에는 else : 다음에 있는 ❹의 문장을 수행합니다.

❸　　print("짝수입니다!")

❷의 조건식이 참일 경우, 즉 2로 나눈 나머지가 0일 경우에는 "짝수입니다!"란 메시지를 실행 결과 1에서와 같이 출력합니다.

실행 결과 1에서는 20이 입력되었기 때문에 20 % 2의 결과가 0이 되어 입력된 수 20이 짝수라는 메시지가 출력되는 것입니다.

❹　　print("홀수입니다!")

실행 결과 2에서와 같이 17이 입력되었을 경우에는 "홀수입니다!"란 메시지를 화면에 출력합니다.

밑줄을 채워 보세요!

Q8-1. 키보드로 입력받은 수가 5의 배수인지 아닌지를 판별하는 프로그램입니다. 밑줄친 부분을 채워 보세요.

```
num = int(input("양의 정수 입력 : "))
if num _____ 5 _____ 0 :
    print("5의 배수입니다.")
_____ :
    print("5의 배수가 아닙니다.")
```

▤ 실행 결과 예시 1

양의 정수 입력 : 15
5의 배수입니다.

▤ 실행 결과 예시 2

양의 정수 입력 : 8
5의 배수가 아닙니다.

03. 합격/불합격 판정하기

이번에는 앞에서 배운 논리 연산자와 if~else~ 구문을 이용하여 시험의 합격 또는 불합격을 판정하는 프로그램에 대해 공부합니다.

한 예로, 운전 면허 시험이 있는데 필기 점수가 70점 이상이고 실기 점수가 80점 이상이어야만 합격을 판정하게 됩니다.

필기점수에 pilgi, 실기 점수에는 silgi란 변수를 사용해서 흐름도를 그려보면 다음과 같습니다.

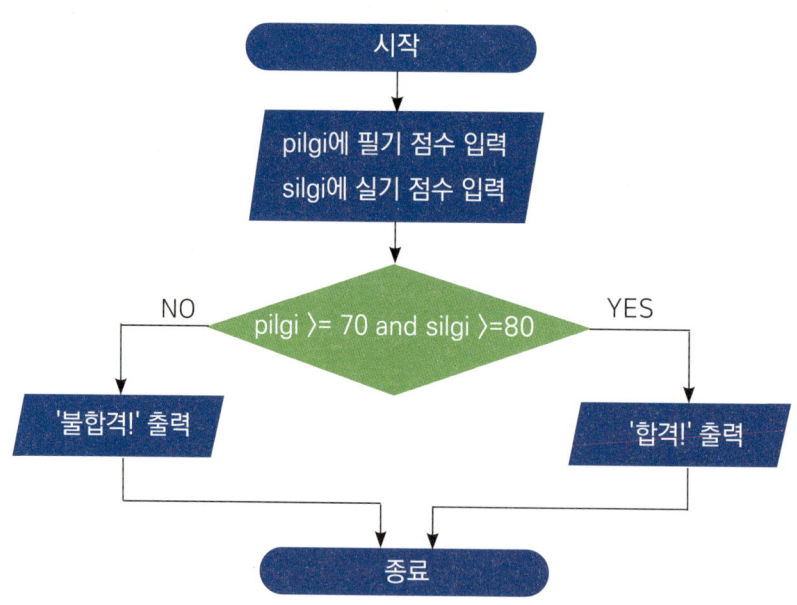

자 그럼 실제로 작성된 프로그램을 살펴볼까요?

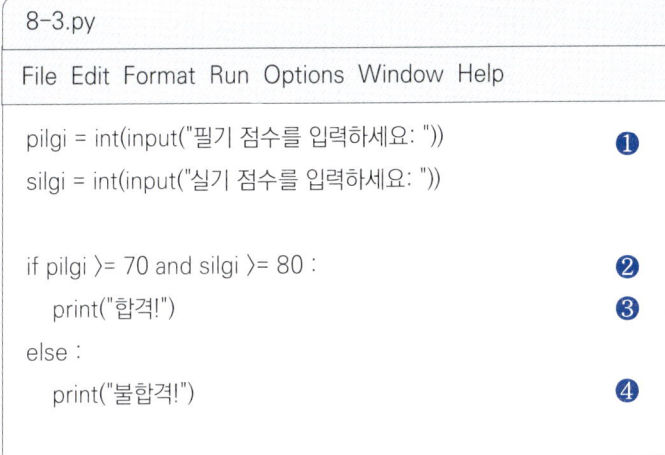

and 연산자를 사용해야 함!

```
필기 점수를 입력하세요: 75
실기 점수를 입력하세요: 90
합격!
```

```
필기 점수를 입력하세요: 60
실기 점수를 입력하세요: 90
불합격!
```

❶   pilgi = int(input("필기 점수를 입력하세요: "))
      silgi = int(input("실기 점수를 입력하세요: "))

키보드로 필기 점수와 실기 점수를 입력받아 각각 pilgi와 silgi에 저장합니다.

❷   if pilgi >= 70 and silgi >= 80 :

if의 조건식 'pilgi >= 70 and silgi >= 80'은 pilgi가 70 이상이고 silgi가 80 이상이어야 참이 됩니다.

필기와 실기 시험을 다 통과해야지만 자격증 시험에 합격하게 된다는 것이지요. 조건식이 참이 되면 ❸의 문장, 그렇지 않고 조건식이 거짓일 경우에는 ❹의 문장을 수행합니다.

여기서 사용된 and 연산자는 두 조건이 모두 참인 경우에 전체 조건이 참이됩니다.

and 연산자는 두 조건이 모두 참이어야 참!

❸   print("합격!")

'합격!'을 화면에 출력합니다.

❹   print("불합격!")

'불합격!'을 화면에 출력합니다.

앞에서 if~ else~ 구문으로 작성해본 운전 면허 시험 합격/불합격 판정 프로그램은 다음과 같이 if~ 구문으로 작성할 수도 있습니다.

```
8-4.py
File Edit Format Run Options Window Help

pilgi = int(input("필기 점수를 입력하세요: "))
silgi = int(input("실기 점수를 입력하세요: "))

result = "불합격!"                                            ❶

if pilgi >= 70 and silgi >= 80 :                              ❷
    result = "합격!"                                          ❸

print(result)                                                 ❹
```

❶의 result에는 초기값으로 "불합격!"을 입력해 놓습니다. ❷의 if문의 조건식이 참이면, 즉 필기와 실기 점수가 각각 70점과 80점 이상이면 ❸에 의해 result의 값을 "합격!"으로 변경합니다. ❹에서 결과를 출력합니다.

※ 실행 결과는 앞의 if~ else~ 구문을 사용한 8-3.py와 같습니다.

밑줄을 채워 보세요!

Q8-2. 영문 소문자를 하나 입력 받아 모음인지 자음인지를 판별하는 프로그램입니다. 밑줄친 부분을 채워 보세요.

```
char = input("영문 소문자를 하나 입력하세요 : ")

_____ char=="a" ___ char=="e" ___ char=="i" ___ char=="o" ___ char=="u" :
    print("모음입니다.")
___ :
    print("자음입니다.")
```

실행 결과 예시 1

영문 소문자를 하나 입력하세요 : e
모음입니다.

실행 결과 예시 2

영문 소문자를 하나 입력하세요 : t
자음입니다.

연습문제 8장. 조건문 : if~ else~ 구문

E8-1. 키보드로 주민번호 뒷자리 첫 번째 숫자를 입력받아 남녀를 판정하는 프로그램입니다. 밑줄을 채우세요.

힌트
1 또는 3 : 남자, 2 또는 4 : 여자

```
_____ = int(input("주민번호 뒷자리 첫 번째 숫자를 입력하세요 : "))

_____ num == 1 _____ num == 3 :
    print ("남자입니다!")
_____ :
    print ("여자입니다!")
```

📋 실행 결과 예시 1

주민번호 뒷자리 첫 번째 숫자를 입력하세요 : 1
남자입니다!

📋 실행 결과 예시 2

주민번호 뒷자리 첫 번째 숫자를 입력하세요 : 2
여자입니다!

E8-2. 보통 안과에서는 시력이 0.7 이하이면 안경을 착용하는 것을 권한다고 합니다. 키보드로 시력을 입력 받아 안경이 필요한지를 판단하는 프로그램입니다. 밑줄을 채워 보세요.

```
eye = float(_____("당신의 시력을 입력하세요 : "))

_____ eye _____ 0.7 :
    print ("안경이 필요합니다!")
_____ :
    print ("안경이 불필요합니다! ")
```

※ float() 함수 : 문자열이나 정수를 실수로 변환하는 데 사용됩니다.

실행 결과 예시 1

당신의 시력을 입력하세요 : 1.5
안경이 불필요합니다!

실행 결과 예시 2

당신의 시력을 입력하세요 : 0.3
안경이 필요합니다!

9장

조건문 : if~ elif~ else~ 구문

01. if~ elif~ else~ 구문의 기본 구조

조건문 중에서 조건이 세개 이상 있을 때 사용하는 것이 if~ elif~ else~ 구문 입니다.

if~ elif~ else~ 구문의 구조는 다음과 같습니다.

if~ elif~ else~ 구문은 조건식이 여러개!

```
if 조건식1 :
    문장 1
    문장 2
elif 조건식2 :
    문장 i
    문장 ii
    ...
elif 조건식N :
    문장 a
    문장 b
else :
    문장 A
    문장 B
```

if의 조건식1이 참이면 그 다음 줄의 들여쓰기 되어 있는 문장들을 실행하고 전체 조건문(if문)을 벗어납니다.

그렇지 않고 조건식1이 거짓이고 elif의 조건식2가 참이면 그 다음 줄의 문장들을 실행하고 조건문을 빠져 나갑니다.

만약 조건식2도 거짓이 되면 그 다음 조건식3을 검사하는 식으로 프로그램이 진행됩니다. 마지막 elif의 조건식N이 거짓이라면 else 다음의 문장들을 실행합니다.

앞에서 설명한 if~ elif~ else~ 구문의 흐름도를 그려보면 다음과 같습니다.

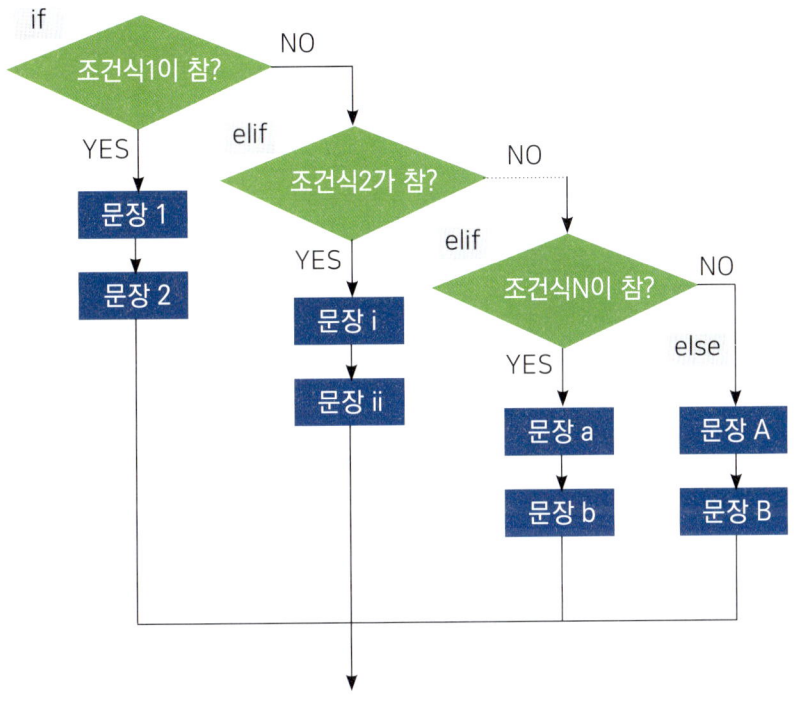

if의 조건식1과 elif의 조건식2 ~ 조건식N을 순서대로 체크하여 조건이 참이면 그에 해당되는 문장들을 실행하고 if-elif 구문을 빠져나가게 됩니다.

만약 모든 조건식들이 다 거짓이라면 else 다음의 문장들을 실행합니다.

1 월에 존재하는 일수 계산하기

3월달은 몇일까지 있을까요? 31일까지 있습니다. 2월달은 28일 또는 29일까지 있어요.

월에 존재하는 일수를 표로 정리하면 다음과 같습니다.

월	1	2	3	4	5	6	7	8	9	10	11	12
일수	31	28/29	31	30	31	30	31	31	30	31	30	31

위의 표를 보면 2월달은 28일 또는 29일까지 있고, 4, 6, 9, 11월달은 30일까지 있으며, 나머지 달은 31일까지 있게 됩니다.

앞에서 배운 if~ elif~ else~ 구문을 이용하여 월의 일수를 계산하는 프로그램을 작성해 보면 다음과 같습니다.

```
9-1.py
File  Edit  Format  Run  Options  Window  Help

month = int(input("월을 입력하세요: "))

if month == 2 :                                                    ❶
    print("28일 또는 29일까지 있어요!")
elif month == 4 or month == 6 or month == 9 or month == 11 :       ❷
    print("30일까지 있어요!")
else :                                                             ❸
    print("31일까지 있어요!")
```

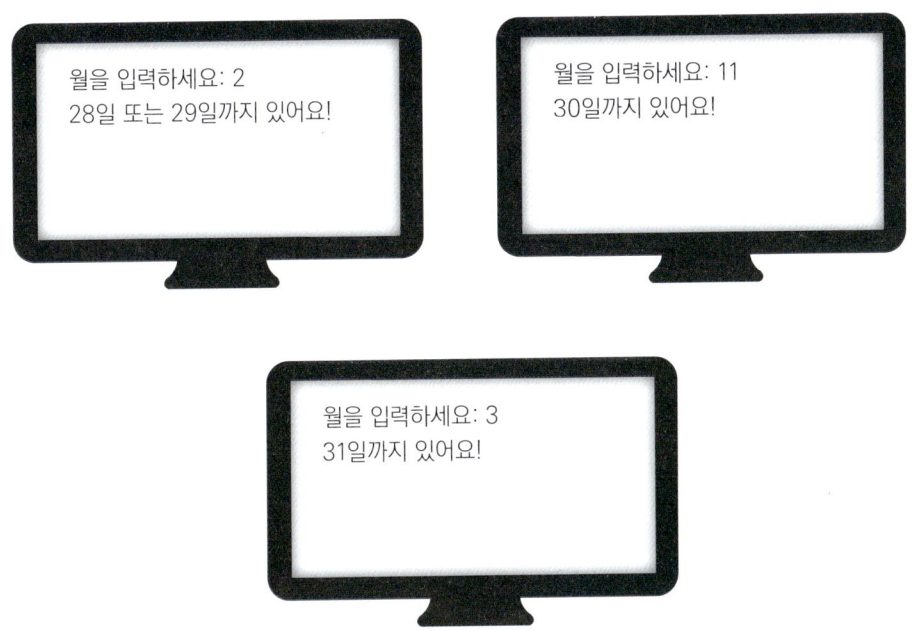

❶   if month == 2 :

if의 조건식이 참, 즉 2월달이면 그 다음 줄에 있는 print() 함수에 의해 실행결과 첫 번째에 나타난 결과를 출력합니다.

❷   elif month == 4 or month == 6 or month == 9 or month == 11 :

elif의 조건식이 참, 즉 4, 6, 9, 또는 11월달이면 그 다음 줄에 있는 print() 함수에 의해 실행 결과 두 번째와 같은 결과를 얻습니다.

❸   else :

❶과 ❷의 조건식이 둘 다 거짓이면, else 다음 줄에 있는 문장이 수행되어 실행결과 세 번째와 같은 결과를 얻게 됩니다.

2 등급(A, B, C, D, F) 판정하기

이번에는 점수를 입력 받아 등급을 판정하는 프로그램을 작성해 볼까요?

등급	A	B	C	D	F
점수	90점이상	80점이상	70점이상	60점이상	59점이하

```
9-2.py
File  Edit  Format  Run  Options  Window  Help

score = int(input("점수를 입력하세요: "))

if score >= 90 :                              ❶
    grade = "A"
elif score >= 80 :                            ❷
    grade = "B"
elif score >= 70 :                            ❸
    grade = "C"
elif score >= 60 :                            ❹
    grade = "D"
else :                                        ❺
    grade = "F"

print(f"등급 : {grade}")                       ❻
```

if~ elif~ else~ 구문을 이용하여 90점 이상(❶)이면 변수 grade에 "A", 80점 이상(❷)이면 grade에 "B", 70점 이상(❸)이면 grade에 "C", 60점 이상(❹)이면 grade에 "D", 그리고 그 외 나머지 경우(❺)에는 "F"를 저장합니다.

❻ 입력된 점수에 해당되는 등급을 실행 결과 화면에 출력합니다.

밑줄을 채워 보세요!

Q9-1. 입력 받은 성적이 80점 ~ 100점이면 '합격!', 0 ~ 79점이면 '불합격!', 그 외 점수이면 '입력 오류!' 메시지를 출력하는 프로그램입니다. 밑줄친 부분을 채워 보세요.

```
_____ = int(input("점수를 입력하세요 : "))

_____ score >= 80 _____ score <= 100 :
    print("합격입니다.")
_____ score >=0 _____ score < 80 :
    print("불합격입니다.")
_____ :
    print("입력 오류!")
```

📋 실행 결과 예시 1

점수를 입력하세요 : 85
합격입니다.

📋 실행 결과 예시 2

점수를 입력하세요 : 60
불합격입니다.

📋 실행 결과 예시 3

점수를 입력하세요 : 120
입력 오류!

02. 할인율에 따라 지불금액 계산하기

우리가 마트에서 물건을 구매하면, 구매 금액에 따라 할인을 해주는 경우가 종종 있어요.

구매 금액에 따른 할인율은 다음과 같다고 가정합니다.

물건 구매가	할인율
10,000원 미만	0
10,000원 ~ 50,000원 미만	5%
50,000원 이상	10%

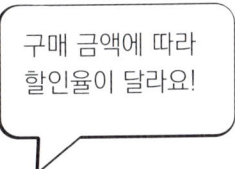

구매 금액에 따라 할인율이 달라요!

만약 10,000원 어치의 물건을 구매하면 실제 지불액은 얼마가 될까요? 다음과 같이 10,000원에서 5% 할인한 금액을 제외하면 9,500원이 됩니다.

    10000 - (10000 x5/100) = 9500

이는 다음과 같은 공식으로 지불금액을 계산할 수 있어요.

    지불 금액 = 구매가 - (구매가 x 할인율 / 100)

9-3.py

File Edit Format Run Options Window Help

```
price = int(input('물건 구매가를 입력하세요 : '))

if price >= 10000 and price < 50000 :
    rate = 5.0
elif price >= 50000 :
    rate = 10.0
else :
    rate = 0

pay = price - (price * rate / 100)
print(f"지불 금액 : {pay:.0f}원")
```

❶

❷
❸

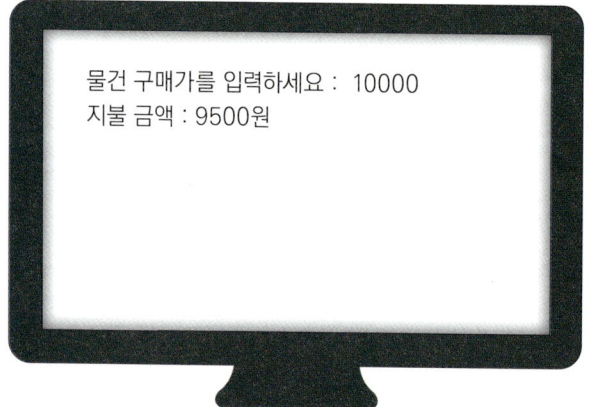

물건 구매가를 입력하세요 : 10000
지불 금액 : 9500원

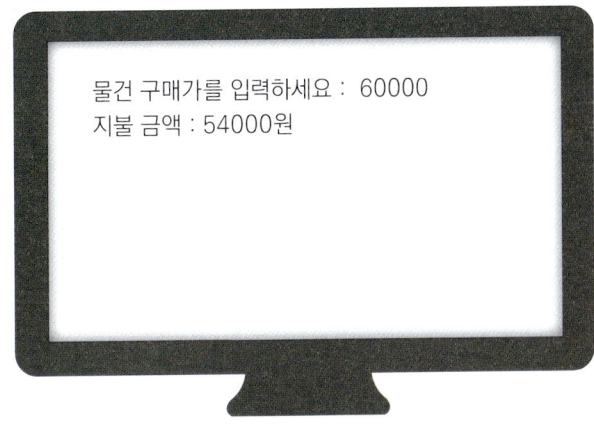

❶ if~ elif~ else~ 구문을 이용하여 입력된 물건 구매가 price에 따라 할인율 rate를 결정합니다.

❷ 물건 가격과 설정된 할인율에 따라 지불 금액 pay를 구합니다.

❸ 지불 금액 pay를 화면에 출력합니다. '.0f'는 소수점 이하를 빼고 실수의 정수 부분만 출력하게 합니다.

연습문제 9장. 조건문 : if~ elif~ else~ 구문

E9-1. 키보드로 기능(더하기, 빼기, 곱하기, 나누기)을 선택하는 숫자와 두 수를 입력받아 선택된 기능을 수행하는 프로그램입니다. 밑줄을 채우세요.

```
print("기능 선택")
print("1. 더하기")
print("2. 빼기")
print("3. 곱하기")
print("4. 나누기")
print()

s = int(input("계산 기능을 선택하세요(1/2/3/4): "))
num1 = int(input("첫 번째 숫자를 입력하세요 : "))
num2 = int(input("두 번째 숫자를 입력하세요 : "))

___ s == _____ :
    print(f"{num1} + {num2} = {num1 + num2}")
elif s == _____ :
    print(f"{num1} - {num2} = {num1 - num2}")
elif s == _____ :
    print(f"{num1} x {num2} = {num1 * num2}")
elif s == _____ :
    print(f"{num1} / {num2} = {num1 / num2}")
```

```
_____ :
    print("입력 숫자 오류!")
```

실행 결과 예시 1

기능 선택
1. 더하기
2. 빼기
3. 곱하기
4. 나누기

계산 기능을 선택하세요(1/2/3/4): 1
첫 번째 숫자를 입력하세요: 10
두 번째 숫자를 입력하세요: 20
10 + 20 = 30

실행 결과 예시 2

기능 선택
1. 더하기
2. 빼기
3. 곱하기
4. 나누기

계산 기능을 선택하세요(1/2/3/4): 3
첫 번째 숫자를 입력하세요: 20
두 번째 숫자를 입력하세요: 5
20 x 5 = 100

E9-2. 월을 키보드로 입력받아 어느 계절(봄, 여름, 가을, 겨울)에 해당 되는지를 판단하는 프로그램입니다. 밑줄을 채우세요.

```
_____ = int(input("월을 입력하세요 : "))

if month >= 3 _____ month <= 5 :
    print( f"{month}월은 봄입니다.")
elif month >= 6 _____ month <= 8 :
    print(f"{month}월은 여름입니다.")
elif month >= 9 _____ month <= 11 :
    print(f"{month}월은 가을입니다.")
elif month == 12 _____ month == 1 _____ month == 2 :
    print(f"{month}월은 겨울입니다.")
else :
    print("1~12 숫자를 입력해 주세요!")
```

📄 실행 결과 예시 1

월을 입력하세요 : 3
3월은 봄입니다.

📄 실행 결과 예시 2

월을 입력하세요 : 1
1월은 겨울입니다.

📄 실행 결과 예시 3

월을 입력하세요 : 13
1~12 숫자를 입력해 주세요!

E9-3. 인터넷 쇼핑몰에서 구매하는 물건 가격과 개수를 입력받아 결제 금액을 계산하는 프로그램입니다. 밑줄을 채우세요.

구매 금액에 따른 배송비
- 5만원 이상 : 무료
- 3만원 ~ 5만원 미만 : 2,000원
- 3만원 미만 : 5,000원
※ 결제 금액 : 구매 금액 + 배송비

```
buy = int(input("구매한 금액을 입력하세요 : "))

_____ buy >= 50000 :
    x = 0           # x : 배송료
_____ buy < 50000 and buy >= 30000 :
    x = 2000
_____ :
    x = 5000

money = buy + x
print(f"구매 금액 : {_____}원")
print(f"배송료 : {_____}원")
print(f"결제 금액 : {_____}원")
```

실행 결과 예시 1

구매한 금액을 입력하세요 : 60000
구매 금액 : 60000원
배송료 : 0원
결제 금액 : 60000원

실행 결과 예시 2

구매한 금액을 입력하세요 : 30000
구매 금액 : 30000원
배송료 : 2000원
결제 금액 : 32000원

실행 결과 예시 3

구매한 금액을 입력하세요 : 8000
구매 금액 : 8000원
배송료 : 5000원
결제 금액 : 13000원

10장
반복문 : while문

01. 반복문이란?

반복문은 특정 조건을 만족할 때까지 문장들을 반복 실행할 때 사용합니다. 파이썬의 반복문에는 while문과 for문이 있어요.

"안녕하세요."를 다섯 번 화면에 출력하는 프로그램에 반복문을 사용하지 않았을 경우와 반복문(while문)을 사용한 경우를 비교해 볼까요?

1 반복문을 사용하지 않은 경우

```
10-1.py
File  Edit  Format  Run  Options  Window  Help

print("안녕하세요.")
print("안녕하세요.")
print("안녕하세요.")
print("안녕하세요.")
print("안녕하세요.")
```

```
안녕하세요.
안녕하세요.
안녕하세요.
안녕하세요.
안녕하세요.
```

음... 다른 방법이 없을까?ㅠㅠ

위에서와 같이 print("안녕하세요.") 문장을 다섯 번 사용하게 되면 '안녕하세요.'가 화면에 다섯 번 출력됩니다.

2 반복문(while문)을 사용한 경우

반복문인 while문을 사용하면 print("안녕하세요.") 문장을 쉽게 반복 실행할 수 있어요.

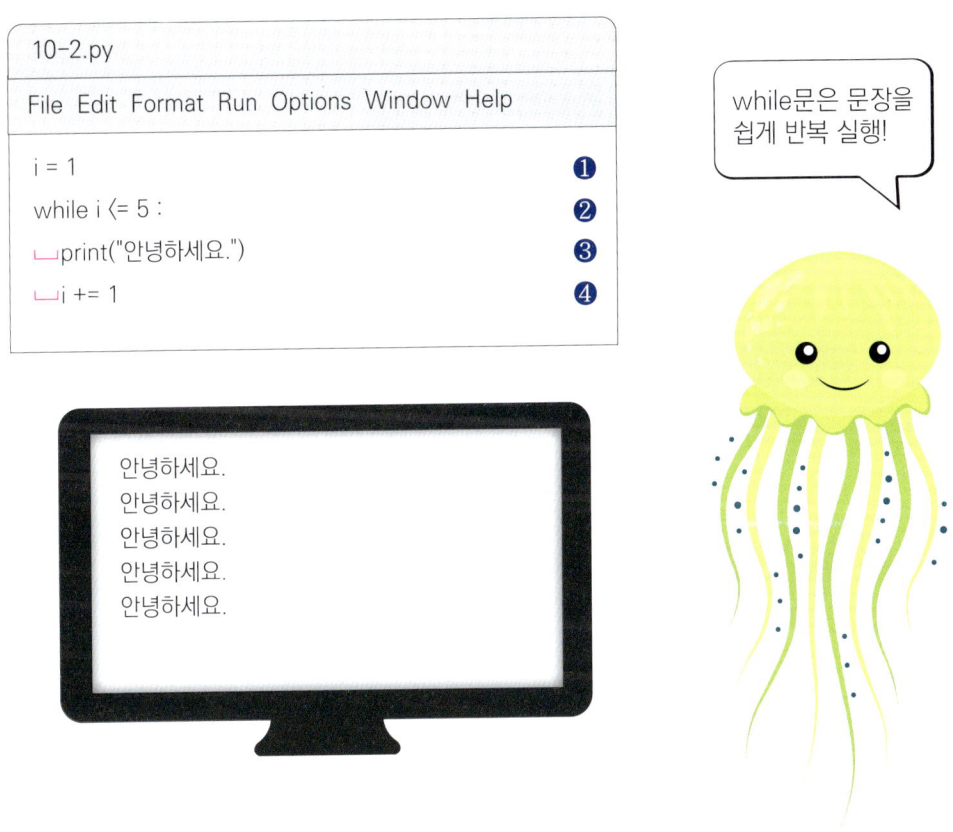

※ ❷에서 'i <= 5'에서 5 대신에 100으로 변경한 다음 재실행하면 "안녕하세요."가 화면에 100번 출력됩니다.

이 프로그램에 대한 흐름도를 그려보면 다음과 같습니다.

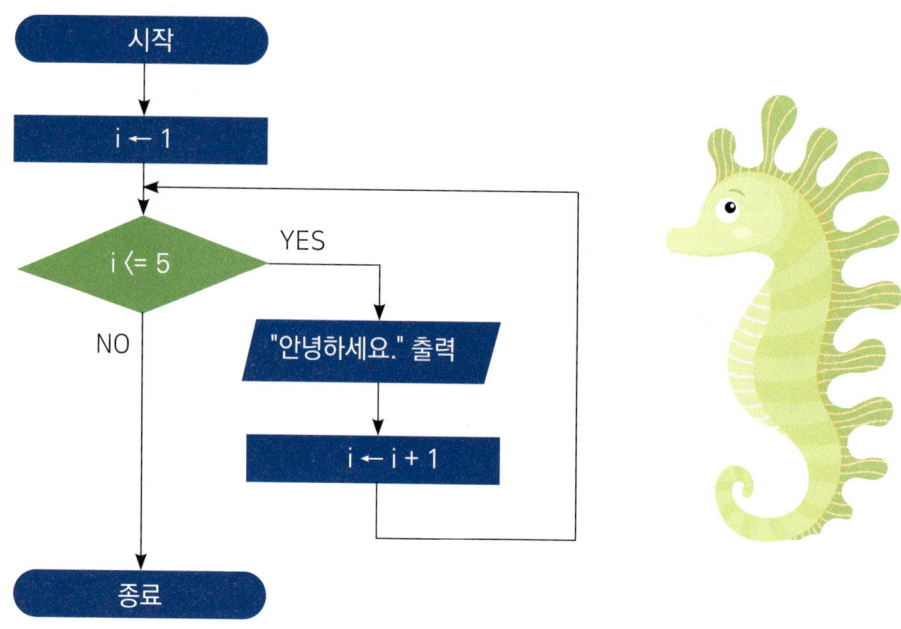

❶   i = 1

변수 i의 값을 1로 초기화합니다.

❷   while i <= 5 :

while 의 조건식 '1 <= 5'은 참이기 때문에 들여쓰기 되어 있는 ❸과 ❹의 문장을 실행합니다.

※ while문에서는 조건식이 참인 동안 while문에 속하는 문장들을 반복 실행합니다.

그리고 반복 루프가 진행되는 동안에 조건식이 거짓이 되는 순간 while문을 빠져나가게 됩니다.

❸   print("안녕하세요.")

"안녕하세요."를 실행 결과의 첫 번째 줄에서와 같이 화면에 출력합니다.

❹   i += 1

현재 i의 값이 1이기 때문에 1을 증가시킨 값 2를 i에 저장합니다.

이런 식으로 반복 루프가 진행되다가 i가 6이 되는 순간 조건식 '6 <= 5'이 거짓이 되기 때문에 while문을 빠져나가서 프로그램이 종료됩니다.

앞의 10-2.py 프로그램의 진행 과정과 각 단계에서의 조건식과 i의 값의 변화를 표로 정리해 볼까요?

단계	문장	설명
❶	i = 1	i를 1로 초기화
❷	while i <= 5	조건식 '1 <= 5' 는 참
❸	print("안녕하세요.")	"안녕하세요." 화면에 출력
❹	i += 1	i를 1 증가시킴, i의 값은 2
❷	while i <= 5	조건식 '2 <= 5' 는 참
❸	print("안녕하세요.")	"안녕하세요." 화면에 출력
❹	i += 1	i를 1 증가시킴, i의 값은 3
❷	while i <= 5	조건식 '3 <= 5' 는 참
❸	print("안녕하세요.")	"안녕하세요." 화면에 출력
❹	i += 1	i를 1 증가시킴, i의 값은 4
…	…	…
❹	i += 1	i를 1 증가시킴, i의 값은 6
❷	while i <= 5	조건식 '6 <= 5' 는 거짓 ※ i의 값이 6이 되는 순간 조건식이 거짓이 되기 때문에 while문을 빠져나감

02. while문의 기본 구조

while문의 기본 구조를 알아보기 위해 다음의 흐름도를 살펴 볼까요?

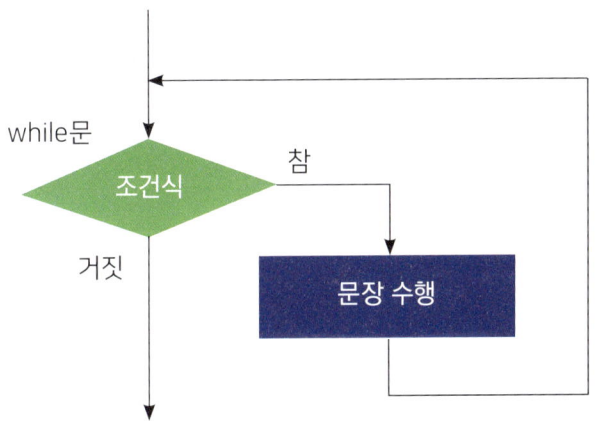

조건식이 참인 동안 while문에 속해 있는 문장들이 반복 실행되고, 조건식이 거짓이 되는 순간 while문을 벗어나게 됩니다.

1 1~10의 숫자 중 홀수 출력하기

자 그럼 실제로 while문을 이용하여 1에서 10까지의 숫자 중에서 홀수를 출력하는 프로그램을 작성해 볼까요?

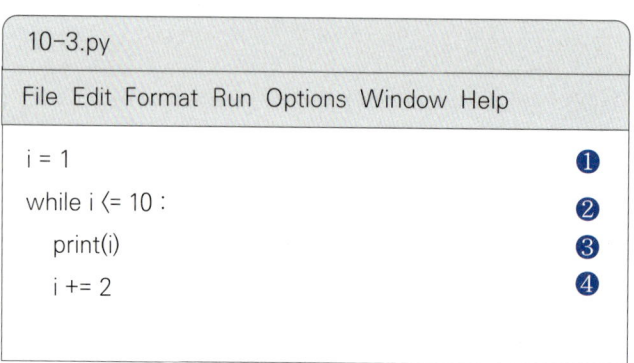

홀수는 1부터 2씩 증가!

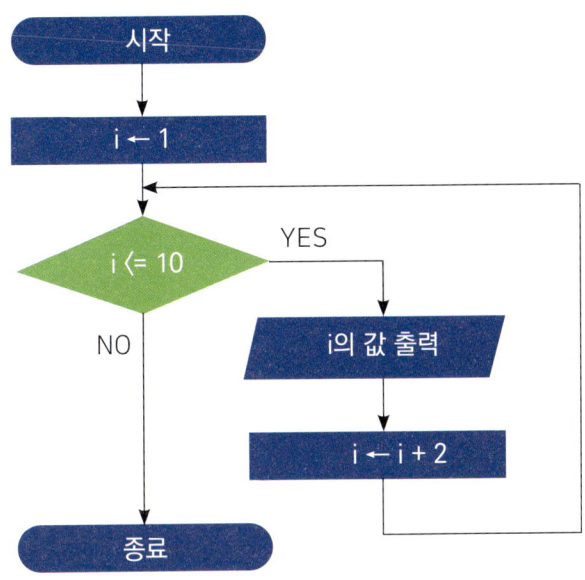

❶   i = 1

변수 i의 값을 1로 초기화합니다.

❷   while i <= 10 :

조건식은 i가 1부터 10까지의 값을 가지는 동안 참이 됩니다. i가 참인 동안에는 while 다음 줄에 들여쓰기 되어 있는 ❸과 ❹의 문장을 반복 실행합니다.

❸   print(i)

i의 값을 실행 결과에서와 같이 화면에 출력합니다.

❹   i += 2

i의 값에 2를 더한 다음 다시 i에 저장합니다. ❶에서 i의 값이 1로 초기화 되었기 때문에 반복 루프가 진행되는 동안 i는 1, 3, 5, 7, 9 의 값을 갖게 됩니다.

프로그램의 진행 과정과 각 반복 루프에서의 조건식과 i의 값을 좀 더 자세히 살펴보면 다음과 같습니다.

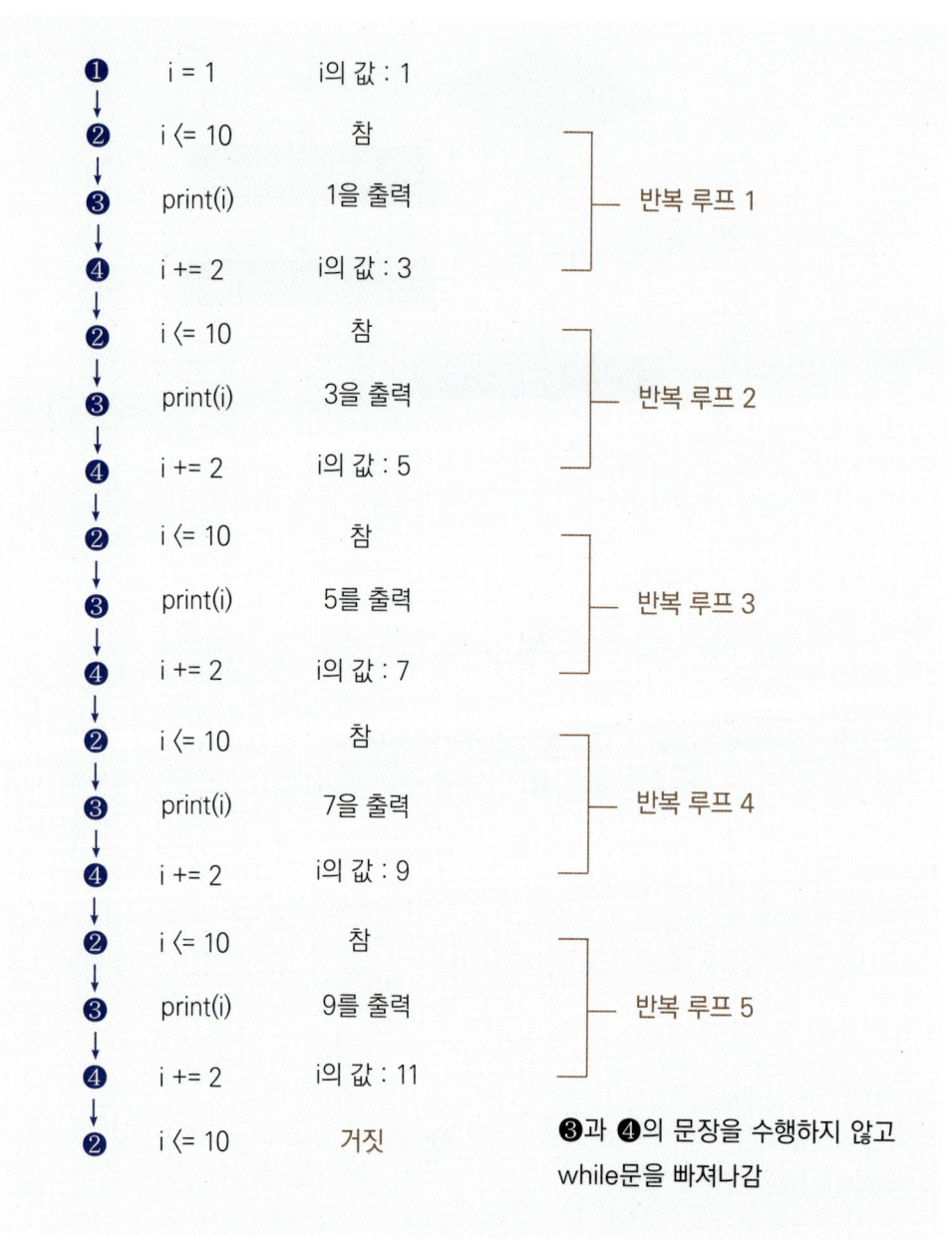

직접 코딩해 보세요!

Q10-1. while문을 이용하여 10에서 20까지의 정수를 출력하는 프로그램을 작성하세요.

📋 실행 결과

```
10
11
12
...
19
20
```

Q10-2. while문을 이용하여 100에서 110까지의 짝수를 출력하는 프로그램을 작성하세요.

📋 실행 결과

```
100
102
104
106
108
110
```

2 1~100의 숫자 중 3의 배수 출력하기

while문을 이용하여 1에서 100까지의 숫자 중에서 3의 배수를 출력하는 프로그램을 작성해 볼까요?

```
10-4.py
File  Edit  Format  Run  Options  Window  Help

i = 1
while i <= 100 :
    if i % 3 == 0 :                    ❶
        print(i, end = " ")            ❷
    i += 1
```

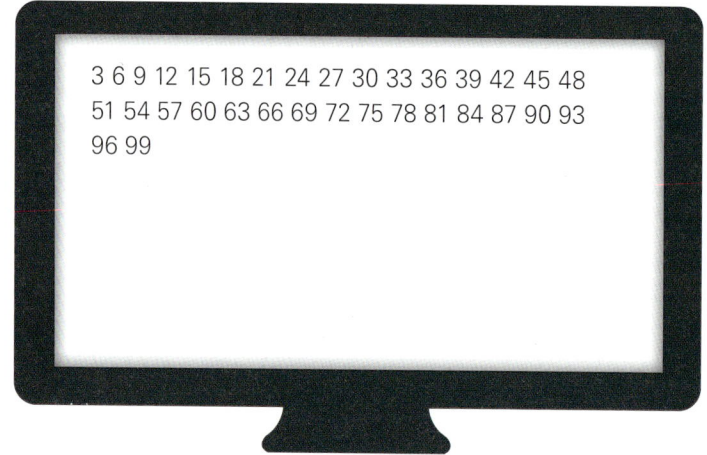

```
3 6 9 12 15 18 21 24 27 30 33 36 39 42 45 48
51 54 57 60 63 66 69 72 75 78 81 84 87 90 93
96 99
```

❶   if i % 3 == 0 :

if문의 조건식 'i % 3 == 0'은 변수 i를 3으로 나눈 나머지가 0, 즉 3의 배수일 때 그 다음 줄에 들여쓰기 되어 있는 문장이 실행됩니다.

❷   print(i, end = " ")

end=" "는 i를 출력한 다음 줄바꿈 대신에 공백(" ")를 출력하라는 의미입니다. 따라서 실행 결과에서와 같이 i의 값이 가로 방향으로 출력됩니다.

> **TIPS** print() 함수의 end
>
> print() 함수에서 end는 줄바꿈 대신 사용되는 문자를 설정하는 데 사용됩니다.
>
> 사용 예
>
>   print(2025, end="/")
>   print(3, end="/")
>   print(15)
>
> – 실행 결과
> 2025/3/15

직접 코딩해 보세요!

Q10-3. while문을 이용하여 1에서 20까지 정수 중에서 5의 배수가 아닌 수를 출력하는 프로그램을 작성하세요.

실행 결과

1 2 3 4 6 7 8 9 11 12 13 14 16 17 18 19

Q10-4. while문을 이용하여 1에서 20까지 정수 중에서 3의 배수 또는 5의 배수를 출력하는 프로그램을 작성하세요.

실행 결과

3 5 6 9 10 12 15 18 20

03. 누적 합계 구하기

while문을 이용하면 숫자의 누적 합계를 아주 쉽게 구할 수 있습니다.

while문을 이용하여 1에서 10까지의 합계를 구하는 과정을 살펴볼까요?

```
10-5.py
File  Edit  Format  Run  Options  Window  Help

i = 1                                              ❶
sum = 0
while i <= 10 :                                    ❷
    print(f"sum = {sum}, i = {i}")                 ❸
    sum += i      # sum = sum + i와 동일            ❹
    i += 1                                         ❺

print("합계 :", sum)                                ❻
```

```
sum = 0, i = 1
sum = 1, i = 2
sum = 3, i = 3
...
sum = 45, i = 10
합계 : 55
```

❶ ```
i = 1
sum = 0
```

변수 i를 1로 초기화하고, 누적 합계를 나타내는 변수 sum을 0으로 초기화합니다.

❷ ```
while i <= 10 :
```

조건식은 i가 1부터 10까지의 값을 가지는 동안 참이 됩니다. i가 참인 동안에는 그 다음 줄에 들여쓰기 되어 있는 ❸, ❹, ❺의 문장을 반복 실행합니다.

❸ ```
    print(f"sum = {sum}, i = {i}")
```

반복 루프 동안 sum 값과 i 값의 변화를 알아보기 위해 변수 sum과 i의 중간 결과를 출력합니다.

❹ ```
    sum += i
```

sum과 i를 더하여 변수 sum에 저장합니다.

❺ ```
    i += 1
```

i 값을 1만큼 증가시킵니다.

❻ ```
print("합계 :", sum)
```

실행 결과의 제일 아래에 있는 것과 같이 최종 결과 "합계 : 55"를 출력합니다.

1~10의 누적 합계를 구하는 흐름도를 그려보면 다음과 같습니다.

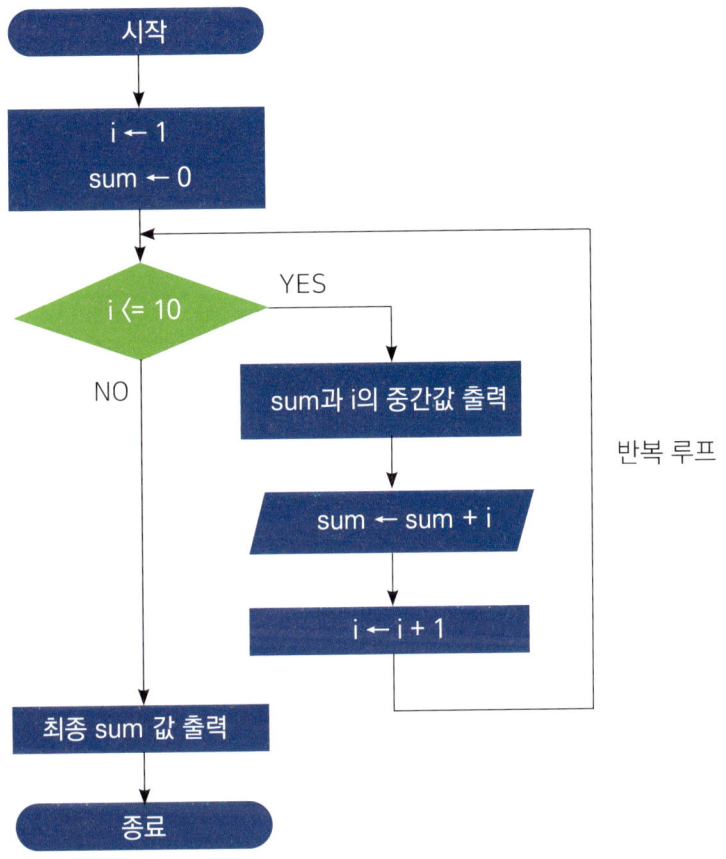

04. 짝수 합계 구하기

while문을 이용하여 1~100의 정수 중에서 짝수의 합을 구하는 프로그램을 작성해 볼까요?

```
10-6.py
File  Edit  Format  Run  Options  Window  Help

i = 1                                              ❶
sum = 0
while i <= 100 :                                   ❷
    if i % 2 == 0 :                                ❸
        sum += i    # sum = sum + i와 동일         ❹
    i += 1                                         ❺

print("1~100 짝수의 합계 :", sum)                  ❻
```

1~100의 짝수의 합계 : 2550

1~100의 숫자 중에서 짝수의 합계를 구하는 흐름도를 그려보면 다음과 같습니다.

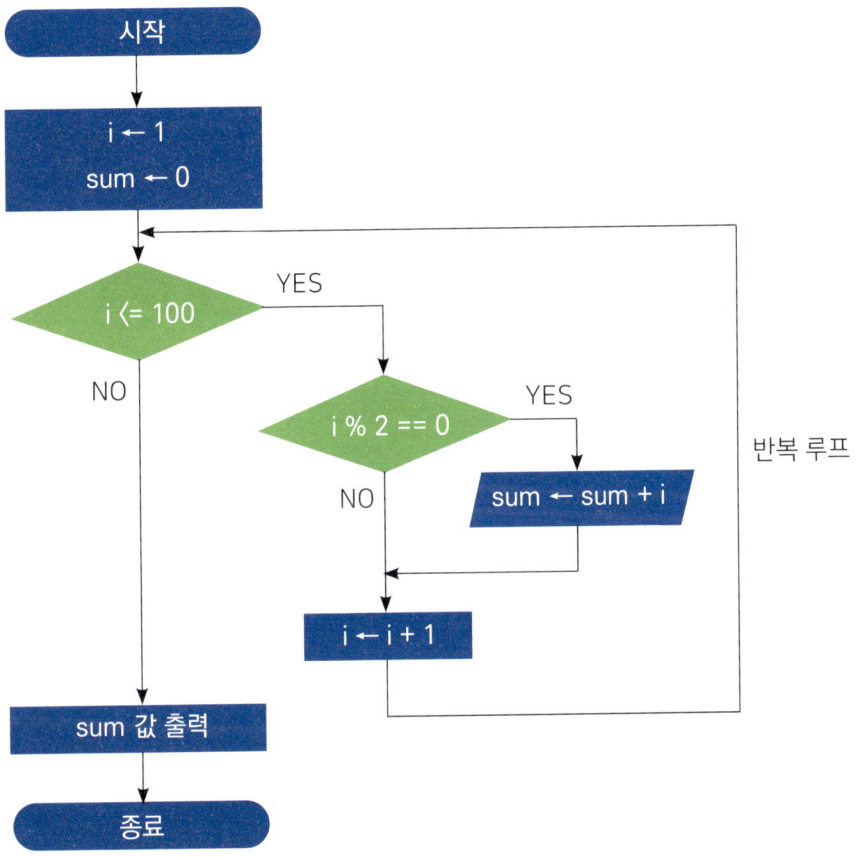

❶   i = 1
      sum = 0

i를 1, sum을 0으로 초기화합니다.

❷   while i <= 100 :

조건식은 i가 1부터 100까지의 값을 가지는 동안 반복 루프가 진행됩니다. 반복 루프 동안에 ❸, ❹, ❺의 문장을 반복 실행하게 됩니다.

❸   if i % 2 == 0 :

i를 2로 나눈 나머지가 0, 즉 짝수이면 ❹의 문장을 수행합니다. 바꾸어 말하면 ❹의 문장은 i가 짝수인 경우에만 수행됩니다.

❹   sum += i

sum 값에 i 값을 더한 다음 다시 sum에 저장합니다.

❺   i += 1

i를 1만큼 증가시킵니다.

❻   print("1~100 짝수의 합계 :", sum)

실행 결과에서와 같이 화면에 "1~100의 짝수 합계 : 2550"을 출력합니다.

밑줄을 채워 보세요!

Q10-5. while문을 이용하여 10에서 20까지 정수 중에서 2와 3의 공배수를 출력하는 프로그램을 작성하세요.

```
i = 10
print("10~20 정수 중 2와 3의 공배수 : ", end = "")
while i <= 20 :
    if i ____ 2 == 0 _____ i ____ 3 == 0 :
        print(i, end = " ")
    i += 1
```

실행 결과

10~20 정수 중 2와 3의 공배수 : 12 18

밑줄을 채워 보세요!

Q10-6. while문을 이용하여 20에서 40까지 정수 중에서 5의 배수의 개수를 세는 프로그램을 작성하세요.

```
i = _____
count = _____
while i <= 40 :
    if i _____ 5 == 0 :
        count += 1
    i += 1

print(f"20~40 정수 중 5의 배수의 개수 : {_____}개")
```

🗒 실행 결과

20~40 정수 중 5의 배수의 개수 : 5개

05. 화씨/섭씨 환산표 만들기

우리 나라의 여름 기온이 35도가 되면 무척 덥다고 합니다. 여기서 우리가 사용하는 온도는 섭씨입니다. 영국과 미국의 영향으로 영어권에서는 화씨 온도를 사용합니다.

화씨를 섭씨로 변환하는 데는 다음의 공식을 이용합니다.

　섭씨 = (화씨 - 32) * 5/9

자 그럼 while문을 이용하여 0 ~ 100(10씩 증가)까지의 화씨 온도에 대응되는 섭씨 온도를 구하는 방법에 대해 알아볼까요?

10-7.py

```
print("-" * 30)                    ❶
print("    화씨     섭씨")          ❷
print("-" * 30)

f = 0                              ❸
while f <= 100 :                   ❹
    c = (f - 32) * 5/9             ❺
    print(f"{f:10.2f} {c:10.2f}")  ❻
    f += 10                        ❼

print("-" * 30)
```

화씨는 미국, 섭씨는 우리나라 온도 단위!

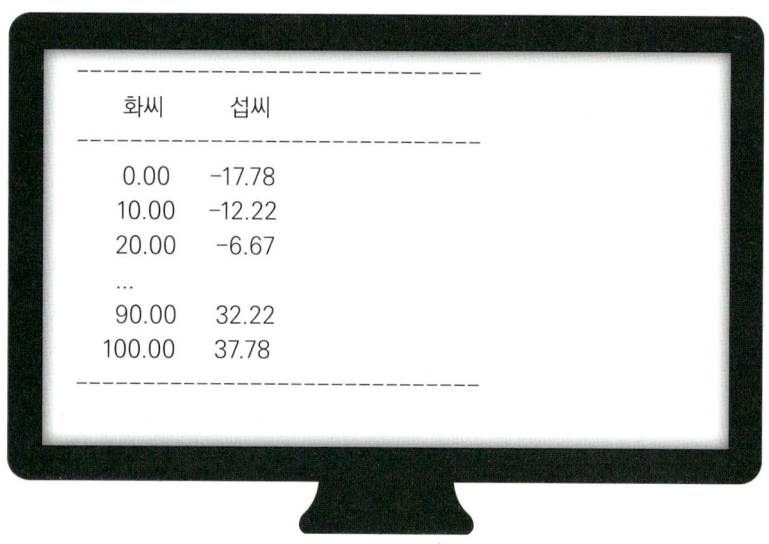

❶ print("-" * 30)

실행 결과의 첫 번째 줄에 나타난 것과 같이 "-"를 30번 반복해서 출력합니다.

❷ print("   화씨   섭씨")

화씨와 섭씨 제목을 출력합니다.

❸ f = 0

화씨 온도의 초기값을 0으로 설정합니다.

❹ while f <= 100 :

처음에 while 반복 루프는 f가 0~100까지의 값을 가지고 진행되는데 ❼에 의해 f는 10씩 증가하게 됩니다.

❺   c = (f - 32) * 5/9

화씨 온도 f를 환산 수식에 대입하여 섭씨 온도를 구한 다음 그 값을 변수 c에 저장합니다.

❻   print(f"{f:10.2f} {c:10.2f}")

화씨 온도 f와 섭씨 온도 c를 화면에 출력합니다. 10.2f는 소수점 두번째 자리까지 구하고 전체 자리수를 10 자리(소수점 포함)로 합니다.

❼   f += 10

f를 10만큼 증가시킵니다.

연습문제 10장. 반복문 : while문

E10-1. while문을 이용하여 1에서 100까지의 자연수 중에서 5의 배수를 구하는 프로그램입니다. 밑줄을 채워 보세요. 단, 한 줄에 8개씩 출력함.

```
num = 1
count = 0
while num <= 100 :
    if num _____ 5 == _____ :
        print(num, end=" ")
        count += 1
        if count _____ 8 == 0 :
            print()
    num += 1
```

🗒 실행 결과

5 10 15 20 25 30 35 40
45 50 55 60 65 70 75 80
85 90 95 100

E10-2. while문을 이용하여 10~100(10씩 증가) 킬로미터에 대해 마일과 야드 환산표를 만드는 프로그램입니다. 밑줄을 채워 보세요.
마일 = 킬로미터 x 0.621371, 야드 = 킬로미터 x 1093.6133

```
print("=" * 50)
print("킬로미터   마일       야드")
print("=" * 50)
km = _____
while km <= _____ :
    mile = _____ * 0.621371
    _____ = km * 1093.6133
    print(f" {_____}    {mile:.2f}    {yd:.2f}")
    km += _____

print("=" * 50)
```

실행 결과

```
==================================================
킬로미터   마일       야드
==================================================
  10      6.21      10936.13
  20     12.43      21872.27
  30     18.64      32808.40
  ...
  90     55.92      98425.20
 100     62.14     109361.33
==================================================
```

E10-3. while문을 이용하여 파운드를 입력받아 킬로그램으로 환산한 값을 실행 결과에서와 같이 출력하는 프로그램입니다. 밑줄을 채워 보세요.. 단, -1이 입력되면 프로그램을 종료함.

킬로그램 = 파운드 x 0.453592

```
pound = int(input("파운드를 입력하세요(종료:-1) : "))
while True :
    _____ pound != -1 :
        kg = _____ * 0.453592
        print(f"{pound} 파운드는 {kg:.2f} 킬로그램입니다.")
        pound = int(_____("파운드를 입력하세요(종료:-1) : "))
    _____ :
        break

print("프로그램이 종료되었습니다!")
```

📄 실행 결과

파운드를 입력하세요(종료:-1) : 10
10 파운드는 4.54 킬로그램입니다.
파운드를 입력하세요(종료:-1) : 20
20 파운드는 9.07 킬로그램입니다.
파운드를 입력하세요(종료:-1) : -1
프로그램이 종료되었습니다!

11장

반복문 : for문

01. for문의 기본 구조

for문은 while문과 마찬가지로 문장을 반복하는 데 사용됩니다. for문은 while문과 비교하여 구조가 더 간단합니다.

다음은 for문을 이용하여 0에서 4까지의 숫자를 화면에 출력하는 프로그램입니다.

```
11-1.py
File  Edit  Format  Run  Options  Window  Help

for i in range(5) :
    print(i)
```

❶
```
for i in range(5) :
    print(i)
```

range(5)는 0부터 4까지의 정수 범위 값, 즉 0, 1, 2, 3, 4의 값을 가집니다. for문 반복 루프에서 변수 i는 0, 1, 2, 3, 4의 값을 가집니다.

각 반복에서 for 다음 줄에 있는 print(i)가 실행되어 실행 결과에서와 같이 0~4의 숫자가 출력됩니다.

02. range() 함수 사용법

range() 함수는 주로 for문과 같이 많이 사용되는 데 다음의 세 가지로 사용됩니다.

> (1) range(종료값)
>
> (2) range(시작값, 종료값)
>
> (3) range(시작값, 종료값, 증가_감소)

1 range(종료값)

range() 함수가 range(5), range(20)에서와 같이 '종료값'만을 가질 경우의 예입니다.

```
11-2.py
File  Edit  Format  Run  Options  Window  Help

for i in range(20) :                                                    ❶
    print(i, end=" ")
```

❶
```
for i in range(20) :
    print(i, end=" ")
```

range(20)에서 종료값 20은 20 미만의 값을 의미합니다. 따라서 range(20)은 0부터 19까지의 정수 범위인 즉 0, 1, 2, ..., 19의 값을 가집니다.

for 반복 루프에서 변수 i는 0~19의 정수 값을 가지게 됩니다. 각 반복마다 print(i, end=" ") 문장을 실행하게 되어 실행 결과에서와 같이 숫자가 출력됩니다.

print() 함수에서 사용된 end=" "는 한 줄에 데이터를 출력한 다음 줄바꿈 대신 공백(" ")을 출력합니다.

❷ range(시작값, 종료값)

range() 함수가 range(5, 10), range(20, 100)에서와 같이 '시작값'과 '종료값'을 가지는 경우에 대해 알아 볼까요?

```
11-3.py
File  Edit  Format  Run  Options  Window  Help

for i in range(10, 50) :
    print(i, end=" ")
```
❶

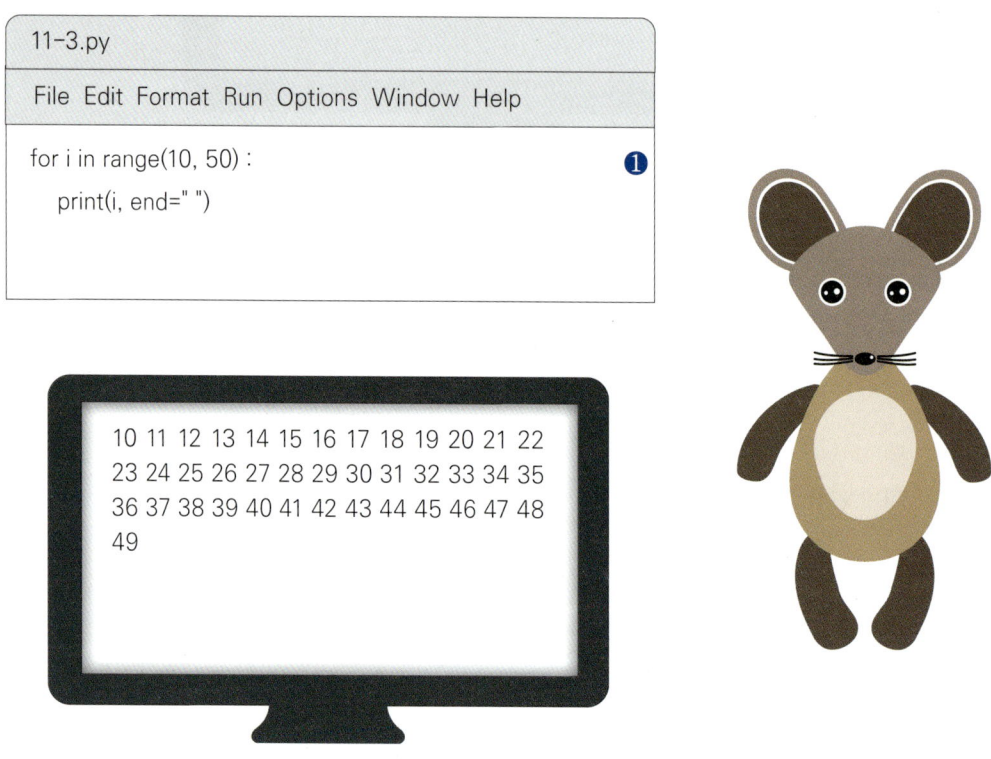

```
10 11 12 13 14 15 16 17 18 19 20 21 22
23 24 25 26 27 28 29 30 31 32 33 34 35
36 37 38 39 40 41 42 43 44 45 46 47 48
49
```

❶
```
for i in range(10, 50) :
    print(i, end=" ")
```

range(10, 50)은 10, 11, 12, ..., 49의 값을 가집니다. 여기서 10은 '시작값', 50은 종료값을 의미합니다.

※ 종료값이 50이면 실제로는 종료값 보다 1이 작은 49까지 범위 값을 가지게 됩니다.

❸ range(시작값, 종료값, 증가_감소)

이번에는 range() 함수가 range(1, 10, 2), range(200, 100, -1)에서와 같이 '시작값', '종료값', '증가_감소'의 예를 알아보아요.

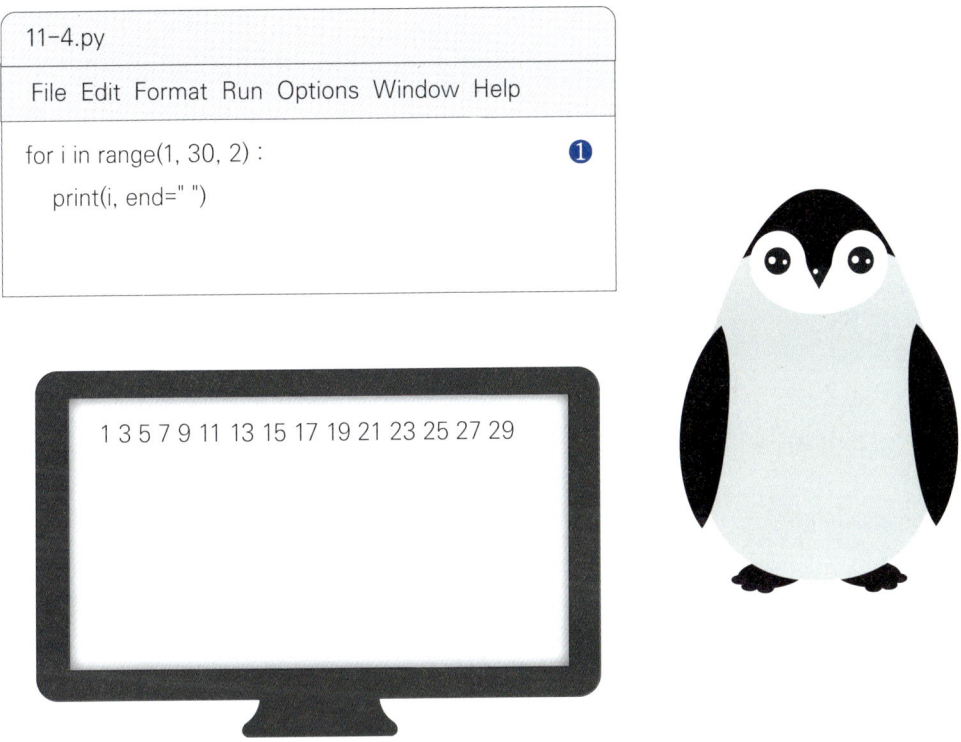

❶
```
for i in range(1, 30, 2) :
    print(i, end=" ")
```

range(1, 30, 2)는 1, 3, 5, ..., 27, 29의 값을 가집니다. 여기서 1은 '시작값', 30은 '종료값', 2는 '증가_감소'를 의미합니다.

03. 1~10 정수 합계 구하기

for문을 이용하여 1부터 10까지의 정수 합계를 구하는 프로그램을 작성해 볼까요?

1 + 2 + 3 + 4 + 5 + 6 + 7 + 8 + 9 + 10

11-5.py

File Edit Format Run Options Window Help

```
sum = 0                          ❶
for i in range(1, 11) :          ❷
    sum += i

print("1~10의 합계 :", sum)      ❸
```

1~10의 합계 : 55

for문으로 합계 구하기는 정말 쉽구나!

❶   sum = 0

누적 합계를 나타내는 변수 sum을 0으로 초기화합니다.

❷   for i in range(1, 11) :
          sum += i   # sum = sum + i와 동일

range(1, 11)은 1~10(1씩 증가), 즉 1, 2, 3, ..., 9, 10의 범위 값을 가집니다. 따라서 변수 i는 이 값들을 가지고 다음과 같은 반복 루프가 진행됩니다.

· 1번째 반복 : i가 1일 때
  sum + i는 0 + 1이 되어, 1의 값이 sum에 저장됩니다.

· 2번째 반복 : i가 2일 때
  sum + i는 1 + 2가 되어, 3의 값이 sum에 저장됩니다.

  ...

· 10번째 반복 : i가 10일 때
  sum + i는 45 + 10이 되어, 최종 합계인 55의 값이 sum에 저장됩니다.

❸   print("1~10의 합계 :", sum)

1~10 정수의 누적 합계인 sum의 값을 실행 결과에서와 같이 화면에 출력합니다.

04. 배수 합계 구하기

for문을 이용하여 3의 배수 합계를 구하는 방법에 대해 공부해 보아요.

❶ 3의 배수 합계

다음은 for문을 이용하여 500~1000의 수 중에서 3의 배수의 합계를 구하는 프로그램입니다.

```
11-6.py
File  Edit  Format  Run  Options  Window  Help

sum = 0                              ❶
for i in range(500, 1001) :          ❷
    if i % 3 == 0 :                  ❸
        print(i)
        sum += i

print("합계 :", sum)                  ❹
```

3의 배수는 3으로 나눈 나머지가 0!

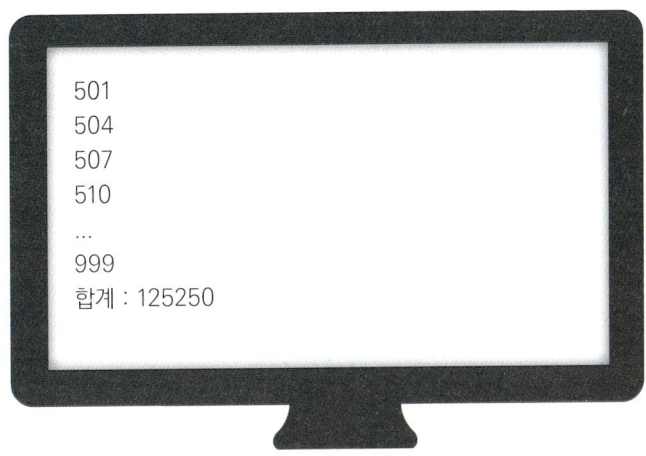

❶   sum = 0

누적 합계를 나타내는 변수 sum을 0으로 초기화합니다.

❷   for i in range(500, 1001) :

반복 루프에서 i는 500~1000(1씩 증가)의 범위 값인 500, 501, 502, ..., 1000를 가집니다.

❸   if i % 3 == 0 :
              print(i)
              sum += i

i가 3의 배수인 경우, i의 값을 실행 결과에서와 같이 출력하고 누적 합계 sum을 구합니다.

❹   print("합계 :", sum)

최종 합계 sum을 화면에 출력합니다.

❷ 5의 배수가 아닌 수의 합계

for문을 이용하여 1~1000의 정수 중에서 5의 배수가 아닌 수의 합계를 구하는 프로그램을 작성해 볼까요?

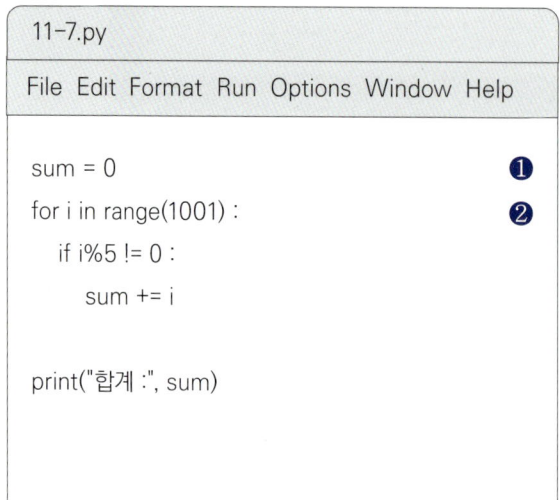

```
11-7.py
File  Edit  Format  Run  Options  Window  Help

sum = 0                                    ❶
for i in range(1001) :                     ❷
    if i%5 != 0 :
        sum += i

print("합계 :", sum)
```

!= 는 '같지 않다'는 의미!

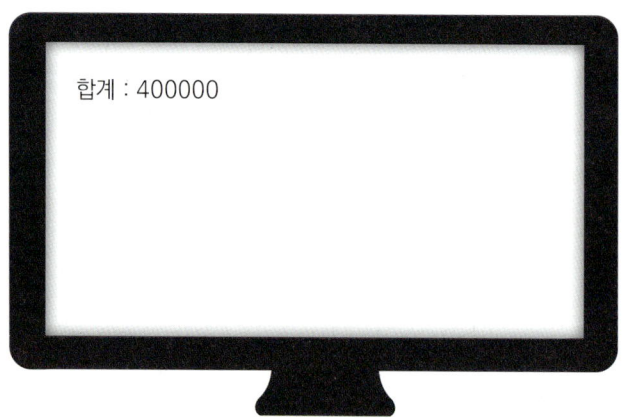

합계 : 400000

❶   sum = 0

누적 합계를 나타내는 변수 sum을 0으로 초기화합니다.

❷
```
for i in range(1001) :
    if i%5 != 0 :
        sum += i
```

반복 루프에서 i는 1~1000(1씩 증가)의 범위 값인 1, 2, 3, ..., 1000를 가집니다.

sum += i 의 문장은 i%5 != 0 이 참일 경우, 즉 i가 5의 배수가 아닐 경우에만 수행되어 5의 배수가 아닌 수들의 누적 합계가 구해집니다.

밑줄을 채워 보세요!

Q11-1. for문을 이용하여 1에서 20까지의 정수 중 4의 배수의 개수를 구하는 프로그램입니다. 밑줄을 채워 보세요.

```
count = 0
for i in range(1, _____):
    if i _____ 4 == 0:
        _____ += 1

print(f"4의 배수의 개수는 {_____}개 입니다.")
```

📋 실행 결과

4의 배수의 개수는 5개 입니다.

밑줄을 채워 보세요!

Q11-2. for문을 이용하여 1에서 10까지의 정수 중 3의 배수 또는 5의 배수가 아닌 수를 출력하고, 개수를 구하는 프로그램입니다. 밑줄을 채워 보세요.

```
count = _____
for i in range(1,11):
    if _____ (i%3==0 _____ i%5==0):
        print(i)
        count += _____

print(f"3 또는 5의배수가 아닌 수의 개수는 {_____}개 입니다.")
```

📋 실행 결과

1
2
4
7
8
3 또는 5의배수가 아닌 수의 개수는 5개 입니다.

05. 문자열 처리하기

문자열을 반복 처리하는 데에는 for문이 while문 보다 사용하기에 더 편리합니다.

1 문장을 세로로 출력하기

키보드로 한글(또는 영어) 문장을 입력받아 한 글자씩 세로로 출력하여 볼까요?

```
11-8.py
File  Edit  Format  Run  Options  Window  Help

sentence = input("문장을 입력하세요 : ")      ❶
for i in sentence :
    print(i)                              ❷
```

```
문장을 입력하세요 :  Hello!
H
e
l
l
o
!
```

❶   sentence = input("문장을 입력하세요 : ")

키보드로 문장을 입력받아 sentence에 저장합니다.

❷   for i in sentence :
         print(i)

for문의 반복 루프에서 i는 문자열 sentence의 각 문자를 가집니다. 예를 들어 sentence가 "Hello!"이면 반복 루프에서 i의 값은 "H", "e", "l", "l", "o", "!"가 됩니다.

반복 루프가 진행되면서 print(i)를 수행하면 실행 결과에서와 같이 글자가 한 줄에 한 글자씩 출력됩니다.

※ print() 함수는 괄호 안의 변수나 데이터를 출력하고 자동으로 줄바꿈이 일어난다는 점에 유의해 주세요.

만약 "H e l l o !"에서와 같이 글자 사이에 공백을 입력하여 한 줄로 출력하려면 ❷의 print(i) 문장을 다음과 같이 변경하면 됩니다.

❷를 다음과 같이 수정

     for i in sentence :
         print(i, end=" ")

□ 실행결과

    문장을 입력하세요 : Hello!
    H e l l o !

❷ 전화번호에서 하이픈(-) 제거하기

컴퓨터로 전화번호를 처리할 때 하이픈(-)이 있는 경우도 있고 없는 경우도 있어요.

키보드로 하이픈(-)을 포함한 전화번호를 입력받아 하이픈만 없애는 프로그램을 작성해 볼까요?

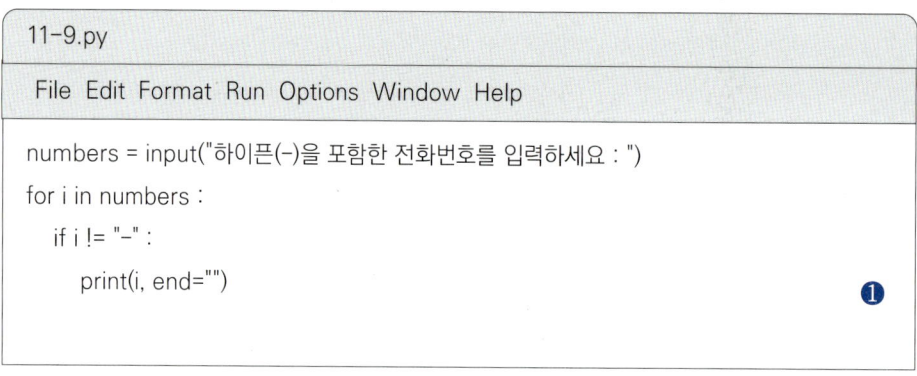

```
numbers = input("하이픈(-)을 포함한 전화번호를 입력하세요 : ")
for i in numbers :
    if i != "-" :
        print(i, end="")
```
❶

```
하이픈(-)을 포함한 전화번호를 입력하세요 : 010-1234-5678
01012345678
```

❶   if i != "-" :
            print(i, end="")

반복 루프에서 i가 하이픈 "-" 이 아닐 때에만 print()로 그 값을 출력합니다.

end 옵션에 설정된 ""는 널(NULL), 즉 값이 없음을 의미합니다. 즉, 데이터를 붙여서 출력하게 됩니다.

❸ 공백 대신 밑줄(_) 삽입하기

이번에는 문장에 존재하는 공백 대신에 밑줄(_)을 넣는 프로그램을 작성해 볼까요?

```
11-10.py
 File  Edit  Format  Run  Options  Window  Help

string = input("문장을 입력하세요 : ")
for i in string :
    if i == " " :
        print("_", end="")                    ❶
    else :
        print(i, end="")
```

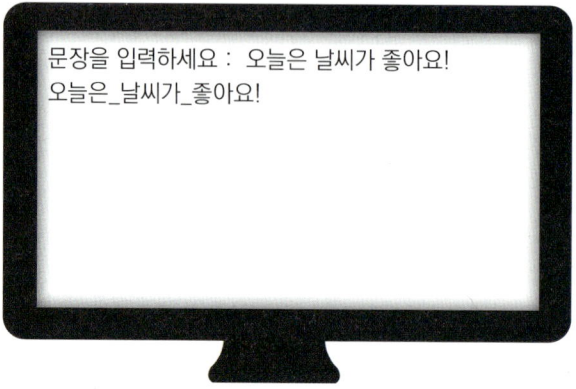

❶
```
if i == " " :
    print("_", end="")
else :
    print(i, end="")
```

i가 공백(" ")이면, 밑줄("_")을 출력하고, 그렇지 않을 경우에는 그 문자 그대로인 i를 출력합니다.

밑줄을 채워 보세요!

Q11-3. for문을 이용하여 하이픈(-)이 포함된 휴대폰 번호를 입력받아 'XXX/XXXX/XXXX' 형태로 출력하는 프로그램입니다. 밑줄을 채워 보세요.

```
numbers = input("하이픈(-)을 포함한 휴대폰 번호를 입력하세요.")
for number in _____:
    if _____ != '-':
        print(_____, end="")
    else:
        print("/", end="")
```

📋 실행 결과

하이픈(-)을 포함한 휴대폰 번호를 입력하세요. 010-1234-5678
010/1234/5678

06. 거리 단위 환산표 만들기

10장에서는 while문을 이용하여 온도, 길이, 무게 등의 단위 환산표를 만들어 보았어요.

이번에는 for을 이용하여 거리 단위인 마일을 킬로미터로 변환하는 환산표를 만드는 방법에 대해 알아보아요.

마일을 킬로미터로 변환하는 공식은 다음과 같아요.

킬로미터 = 마일 x 1.609

```
11-11.py
File  Edit  Format  Run  Options  Window  Help

print("----------------------------")
print("    마일    킬로미터")
print("----------------------------")
for mile in range(10, 51, 10) :         ❶
    km = mile * 1.609                    ❷
    print(f"{mile:8d} {km:8.2f}")        ❸

print("----------------------------")
```

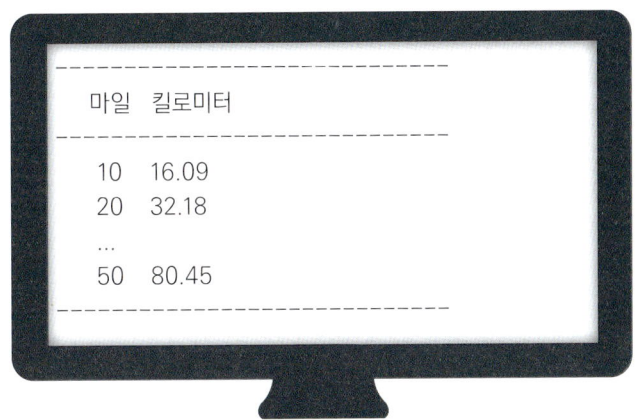

❶   for mile in range(10, 51, 10) :

반복 루프에서 mile은 10~50(10씩 증가)의 범위 값(10, 20, 30, 40, 50)의 값을 가집니다.

❷   km = mile * 1.609

mile에 1.609를 곱한 결과를 km에 저장합니다.

❸   print(f"{mile:8d} {km:8.2f}")

실행 결과에 나타난 것과 같이 각각의 mile과 km의 값을 화면에 출력합니다.

여기서 8d는 출력되는 km가 8자리를 차지한다는 것을 의미하고, 8.2f는 전체 자리수가 8자리(소수점 포함)이고 소수점 둘째 자리까지 값을 표시한다는 것을 나타내요.

직접 코딩해 보세요!

Q11-4. for문을 이용하여 섭씨 온도 -20~40(10씩 증가)에 대해 섭씨/화씨 환산표를 만드는 프로그램을 작성하세요.

화씨 온도 = 섭씨 온도 x 9 / 5 + 32

▤ 실행 결과

```
----------------------------
   섭씨      화씨
----------------------------
   -20      -4.0
   -10      14.0
     0      32.0
    10      50.0
    20      68.0
    30      86.0
    40     104.0
----------------------------
```

직접 코딩해 보세요!

Q11-5. for문을 이용하여 인치 10~20(2씩 증가)에 대해 인치/센티미터 환산표를 만드는 프로그램을 작성하세요.

센티미터 = 인치 x 2.54

📋 실행 결과

```
---------------------------
  인치   센티미터
---------------------------
   10    25.4
   12    30.5
   14    35.6
   16    40.6
   18    45.7
   20    50.8
---------------------------
```

연습문제 11장. 반복문 : for문

E11-1. 영어 문장을 입력받아 문장에 있는 모음을 출력하고, 모음의 개수를 출력하는 프로그램입니다.(for문 이용) 밑줄을 채워 보세요.

```
text = input("영어 문장을 입력해 주세요 : ")
count = _____
print("모음 : ", end = "")
for i in _____ :
    if ( i == "a" ____ i == "A" ____ i == "e" ____ i == "E" \
    ____ i == "i" ____ i == "I" ____ i== "o" ____ i == "O" \
    ____ i == "u" ____ i == "U") :
        count += 1
        print( ____ , end=" ")

print("\n모음의 개수 :", count)
```

※ 위에서 \(역슬래쉬)는 한 줄에 하나의 문장이 끝나지 않고 다음 줄에 계속될 때 사용합니다. 그리고 \n은 줄바꿈을 의미합니다.

📋 실행 결과

영어 문장을 입력해 주세요 : Python is fun.
모음 : o i u
모음의 개수 : 3

E11-2. for문을 이용하여 1에서 10까지 정수 중에서 3과 5의 배수를 출력하고, 개수를 세는 프로그램입니다. 밑줄을 채워 보세요.

```
count_3 = _____   # 3의 배수 개수 초기화
count_5 = _____   # 5의 배수 개수 초기화
for i in range(1, 11):
    if i _____ 3 == 0:
        print(_____, end=" ")
        count_3 += _____   # 3의 배수 개수 카운트
    if i _____ 5 == 0:
        print(_____, end=" ")
        count_5 += _____   # 5의 배수 개수 카운트

print()
print(f"3의 배수 개수: {_____}")
print(f"5의 배수 개수: {_____}")
```

📋 실행 결과

3 5 6 9 10
3의 배수 개수: 3
5의 배수 개수: 2

E11-3. for문을 이용하여 1~100까지의 정수 중에서 3의 배수의 누적 합을 한 줄에 10개씩 출력하는 프로그램입니다. 밑줄을 채워 보세요.

```
count = 0
sum = _____
for i in range(1, 101) :
    if i % 3 _____ 0 :
        sum += _____
        print(f"{_____}", end=" ")
        count += 1

        if count % _____ == 0 :
            print()
```

📋 실행 결과

3 9 18 30 45 63 84 108 135 165
198 234 273 315 360 408 459 513 570 630
693 759 828 900 975 1053 1134 1218 1305 1395
1488 1584 1683

12장

리스트

01. 리스트란?

학생 8명의 영어 성적 합계와 평균을 구하는 프로그램을 생각해 보아요.

그러면 각 학생의 성적을 저장하기 위해 score1=80, score2=95, score3=87, … score8=76 에서와 같이 변수를 여러 개 만들어야 하면 무척 불편하겠지요?

이 때 필요한 것이 리스트입니다. 리스트(List)를 이용하면 학생들의 영어 성적을 다음과 같이 저장할 수 있어 여러 데이터를 다루기가 쉬워요.

  scores = [80, 95, 87, 83, 96, 67, 68, 76]

1 리스트의 요소 읽기

자 그럼 위에서 만든 리스트 scores에서 데이터를 읽어오는 방법에 대해 알아볼까요?

```
12-1.py
File  Edit  Format  Run  Options  Window  Help

scores = [ 80, 95, 87, 83, 96, 67, 68, 76]    ❶
print(scores)                                  ❷
print(scores[0])                               ❸
print(scores[4])                               ❹
print(scores[2:5])                             ❺
```

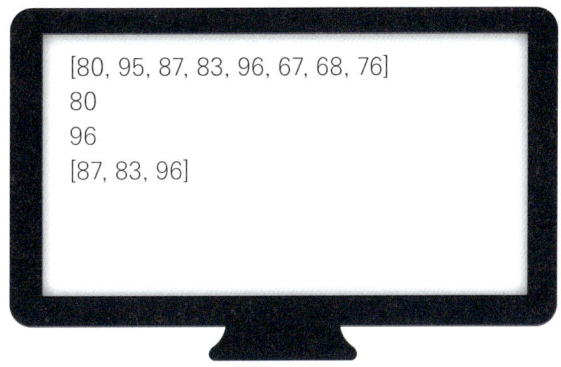

❶   scores = [80, 95, 87, 83, 96, 67, 68, 76]

리스트 scores에 8명의 성적을 저장합니다.

❷   print(scores)

실행 결과의 첫 번째 줄에서와 같이 리스트 scores를 출력합니다.

❸   print(scores[0])

scores[0]은 리스트 scores의 첫 번째 요소를 의미합니다.

scores[0]에서 0과 같은 것을 '인덱스(index)'라고 부릅니다.

리스트의 인덱스는 요소의 위치를 나타내는 데 사용합니다. 0은 첫 번째 요소, 1은 두 번째 요소, 2는 세 번째 요소, … 를 가리킵니다.

※ 인덱스는 0부터 시작합니다. 리스트의 요소가 100개이면, 인덱스는 0~99의 값을 가집니다.

❹ print(scores[4])

scores[4]는 리스트 scores의 다섯 번째 요소인 96의 값을 갖게 됩니다.

❺ print(scores[2:5])

print(scores[2:5])는 인덱스 2~4까지의 요소 값을 의미합니다.

밑줄을 채워 보세요!

Q12-1. 리스트 colors에서 요소를 읽는 프로그램입니다. 밑줄을 채워 보세요.

```
colors = ["빨강", "주황", "노랑", "초록", "파랑", "남색", "보라"]
print(colors[____])
print(colors[____:____])
print(colors[____])
```

📋 실행 결과

빨강
['노랑', '초록', '파랑', '남색']
초록

❷ 리스트 합치기와 길이 구하기

리스트 합치기와 리스트 길이 구하기에 대해 알아볼까요?

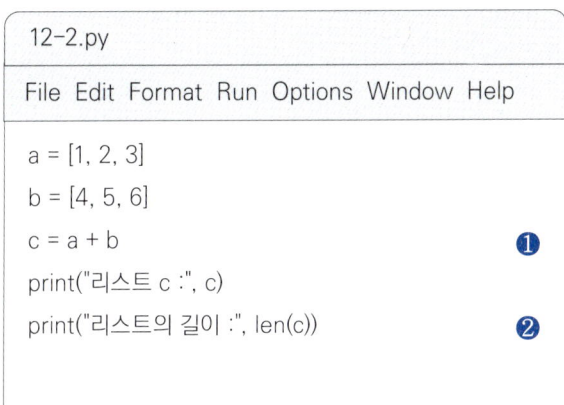

+ : 합치기
len() : 길이 구하기

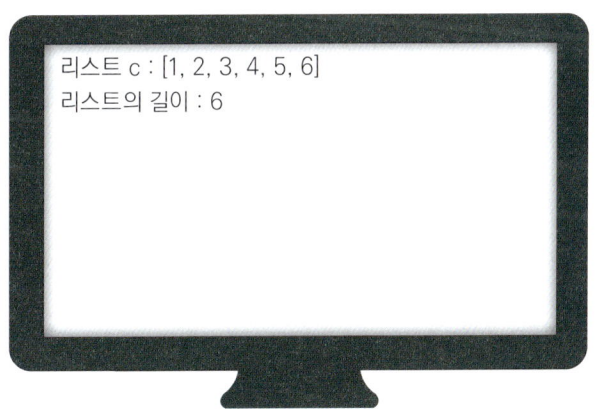

❶　c = a + b
　　print("리스트 c :", c)

리스트 a와 리스트 b를 합쳐서 리스트 c에 저장합니다. 리스트 c 는 [1, 2, 3, 4, 5, 6]의 값을 가집니다.

❷　print("리스트의 길이 :", len(c))

len(c)는 리스트 c의 길이, 즉 요소의 개수인 6의 값을 가집니다.

02. 리스트에 반복문 사용하기

여러 개의 요소 값을 가진 리스트는 for문이나 while문과 같은 반복문이랑 같이 사용되는 경우가 많아요.

1 리스트에 for문 사용하기

다음 예제에서와 같이 리스트에 for문을 이용하면 리스트의 요소를 쉽게 읽어올 수 있습니다.

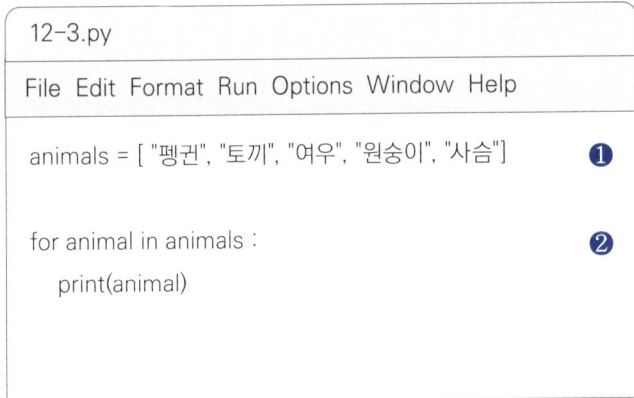

리스트랑 for문은 좋은 친구!

❶ animals = ["펭귄", "토끼", "여우", "원숭이", "사슴"]

리스트 animals를 만듭니다.

❷ for animal in animals :
　　print(animal)

for문이 반복되는 동안 animal은 "펭귄", "토끼", "여우", "원숭이", "사슴" 값을 갖게 됩니다.

밑줄을 채워 보세요!

Q12-2. for문을 이용하여 리스트 list1에서 요소를 읽는 프로그램입니다. 밑줄을 채워 보세요.

```
list1 = [3, 15, 30, "사과", "오렌지"]
print(list1)
for ___ in _____ :
    print(x)
```

📋 실행 결과

[3, 15, 30, '사과', '오렌지']
3
15
30
사과
오렌지

리스트와 for문을 이용하여 다섯 과목 성적의 합계와 평균을 구해볼까요?

```
12-4.py
File  Edit  Format  Run  Options  Window  Help

scores = [ 80, 92, 99, 75, 87 ]                    ❶
sum = 0
for score in scores :                              ❷
    sum += score                                   ❸
    print(f"점수 : {score}, 누적 합계 : {sum}")      ❹

avg = sum/len(scores)                              ❺
print(f"합계 : {sum}, 평균 {avg:.2f}")              ❻
```

list! for! 성적 처리가 쉽당~~~

```
점수 : 80, 누적 합계 : 80
점수 : 92, 누적 합계 : 172
점수 : 99, 누적 합계 : 271
점수 : 75, 누적 합계 : 346
점수 : 87, 누적 합계 : 433
합계 : 433, 평균 86.60
```

❶ scores = [80, 92, 99, 75, 87]

다섯 과목의 성적을 리스트 scores에 저장합니다.

❷   for score in scores :

for 루프가 진행되는 동안 score는 리스트의 각 요소, 즉 80, 92, 99, 75, 87의 값을 갖게 됩니다.

❸   sum += score

sum에 score의 값들이 누적되어 for 루프가 끝나면 최종 합계가 sum에 저장됩니다.

❹   print(f"점수 : {score}, 누적 합계 : {sum}")

for 루프가 반복되는 동안 각 성적 score와 누적 합계 sum을 출력합니다.

❺   avg = sum/len(scores)

len(scores)는 리스트의 길이인 5의 값을 갖습니다. 합계 sum을 5로 나눈 결과인 평균 값을 avg에 저장합니다.

❻   print(f"합계 : {sum}, 평균 {avg:.2f}")

합계 sum과 평균 avg를 화면에 출력합니다. .2f는 소수점 둘째 자리까지 표시하라는 의미입니다.

❷ 리스트에 while문 사용하기

앞의 예제 12-4에서 사용된 for문 대신 while문을 이용하여 작성하면 다음과 같아요.

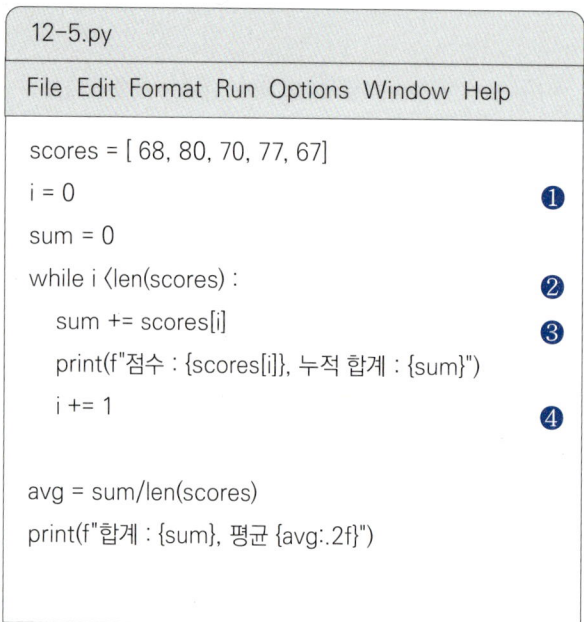

```
12-5.py
File  Edit  Format  Run  Options  Window  Help

scores = [ 68, 80, 70, 77, 67]
i = 0                                          ❶
sum = 0
while i <len(scores) :                         ❷
    sum += scores[i]                           ❸
    print(f"점수 : {scores[i]}, 누적 합계 : {sum}")
    i += 1                                     ❹

avg = sum/len(scores)
print(f"합계 : {sum}, 평균 {avg:.2f}")
```

❶ i = 0

while문에서는 변수의 초기값을 설정하여야 합니다. 여기서 i는 리스트 요소의 위치인 인덱스를 의미합니다.

인덱스는 0부터 시작하기 때문에 i를 0으로 초기화합니다.

```
점수 : 68, 누적 합계 : 68
점수 : 80, 누적 합계 : 148
점수 : 70, 누적 합계 : 218
점수 : 77, 누적 합계 : 295
점수 : 67, 누적 합계 : 362
합계 : 362, 평균 72.40
```

❷   while i < len(scores) :

len(scores)는 리스트의 길이인 5의 값을 갖게 됩니다. 따라서 while 루프는 i가 0 ~ 4의 값을 가지고 다섯 번 반복됩니다.

❸   sum += scores[i]

반복 루프에서 i는 0, 1, 2, 3, 4의 값을 가집니다. 그리고 scores[i]는 리스트의 요소 값인 각각의 점수를 의미합니다. sum에는 점수들의 누적 합계가 저장됩니다.

❹   i += 1

while의 조건식에서 사용된 변수 i를 1 증가시킵니다.

만약 i의 값이 증가하거나 감소하지 않아 값에 변화가 없으면 while 루프가 무한 반복하게 되니 주의하여 주세요.

밑줄을 채워 보세요!

Q12-3. while문을 이용하여 리스트 colors에서 요소를 읽는 프로그램입니다. 밑줄을 채워 보세요.

```
colors = ["빨강", "주황", "노랑", "초록"]
i = ____
while i < len(colors) :
    print(f"{____ + 1} : {_____[i]}")
    i += ____
```

📋 실행 결과

1 : 빨강
2 : 주황
3 : 노랑
4 : 초록

밑줄을 채워 보세요!

Q12-4. while문을 이용하여 리스트 요소 중 3의 배수를 출력하는 프로그램입니다. 밑줄을 채워 보세요.

```
numbers = [3, 8, 9, 4, 12, 5, 7]
i = 0
while i < _____(numbers) :
    if numbers[____] % 3 == 0 :
        print(numbers[____])
    i += 1
```

■ 실행 결과

3
9
12

03. 합계와 평균 구하기

앞에서는 for문과 while문을 이용하여 리스트 요소들의 합계를 구해 보았어요. sum() 함수를 이용하면 리스트 요소들의 합계를 쉽게 구할 수 있어요.

sum()으로 리스트 합계를 쉽게!

```
12-6.py
File  Edit  Format  Run  Options  Window  Help

numbers = [17, 8, 12, -3, 5, 9]
total = sum(numbers)         ❶
avg = total/len(numbers)     ❷
print(f"합계: {total}, 평균: {avg:.1f}")
```

```
합계: 48, 평균: 8.0
```

❶   total = sum(numbers)

sum(numbers)로 리스트 numbers의 합계를 구해 total에 저장합니다.

❷   avg = total/len(numbers)

len(numbers)는 리스트 numbers의 길이인 요소의 개수를 의미해요. 여기서는 6 값을 가집니다. 평균을 구해 avg에 저장합니다.

직접 코딩해 보세요!

Q12-5. sum() 함수를 이용하여 리스트 scores의 합계와 평균을 구하는 프로그램을 작성해 보세요.

```
scores = [80, 90, 100]
```

📋 실행 결과

합계: 270점
평균: 90.0점

04. 리스트 요소 추가/변경하기

리스트를 이용하여 회원 관리를 하게 되면, 신입 회원이 들어오면 그 회원 정보를 추가하고, 반대로 탈퇴하는 회원은 회원 정보를 삭제하게 됩니다.

리스트의 append() 함수를 이용하면 리스트 제일 뒤에 요소를 추가할 수 있어요.

```
12-7.py
File  Edit  Format  Run  Options  Window  Help

member = ["안지영", "010-1234-5678", 15, "수원"]        ❶
member.append("ahn@naver.com")                        ❷
print(member)
print(member[1])                                       ❸

member[1] = "010-1111-2222"                            ❹
print(member[1])
```

❶ member = ["안지영", "010-1234-5678", 15, "수원"]

리스트 member에 회원의 이름, 전화번호, 나이, 주소를 저장합니다.

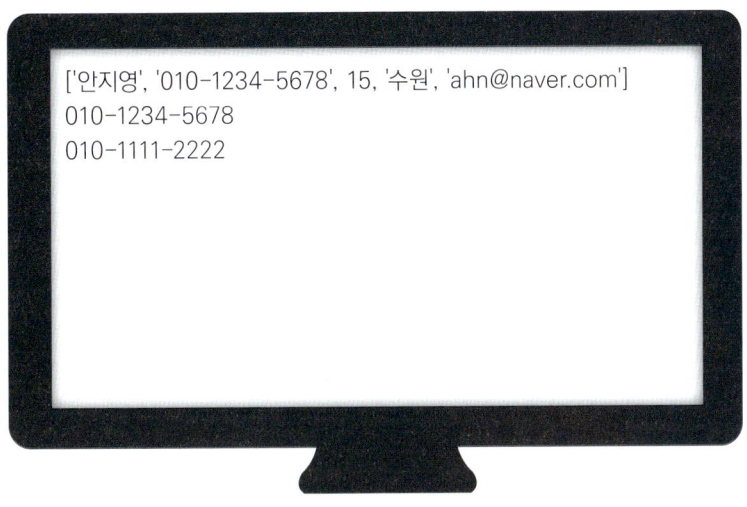

❷   member.append("ahn@naver.com")

member.append("ahn@naver.com")는 리스트 member의 제일 뒤에 "ahn@naver.com"을 추가합니다.

append() 함수는 리스트에 소속된 함수이기 때문에 리스트명.append()와 같은 형태로 사용합니다.

❸   print(member[1])

print(member[1])은 인덱스 1인 두 번째 요소의 값인 "010-1234-5678"를 출력합니다.

❹   member[1] = "010-1111-2222"
    print(member[1])

리스트 member의 1번 인덱스의 요소 값을 "010-1111-2222"로 변경한 다음 출력합니다.

직접 코딩해 보세요!

Q12-6. append() 함수를 이용하여 리스트 numbers의 제일 뒤에 100을 추가한 다음 전체 리스트를 출력하는 프로그램을 작성해 보세요.

```
numbers = [2, -13, 12, 9, 5]
```

📋 실행 결과

[2, -13, 12, 9, 5, 100]

Q12-7. append() 함수를 이용하여 리스트 animals의 제일 뒤에 "토끼"를 추가한 다음 for문으로 리스트 요소를 출력하는 프로그램을 작성해 보세요.

```
animals = ["사자", "호랑이", "사슴"]
```

📋 실행 결과

사자
호랑이
사슴
토끼

빈 리스트를 만든 다음 리스트에 요소를 추가하는 방법에 대해 알아볼까요?

```
12-8.py

fruits = []                    ❶
fruits.append("사과")           ❷
fruits.append("오렌지")
fruits.append("바나나")
print(fruits)                  ❸
```

❶   fruits = []

빈 리스트인 fruits를 만듭니다. 빈 리스트는 요소가 하나도 없는 리스트를 말합니다.

❷   fruits.append("사과")
    fruits.append("오렌지")
    fruits.append("바나나")

리스트 fruits에 append() 함수를 이용하여 "사과", "오렌지", "바나나" 요소를 하나씩 추가합니다.

❸ print(fruits)

리스트 fruits를 화면에 출력합니다.

밑줄을 채워 보세요!

Q12-8. 세 과목의 점수를 입력받아 sum() 함수로 합계를 구하는 프로그램입니다. 밑줄을 채워 보세요.

```
score1 = _____(input("첫 번째 과목 점수는?"))
score2 = _____(input("두 번째 과목 점수는?"))
score3 = _____(input("세 번째 과목 점수는?"))

scores = []
scores._____(score1)
scores._____(score2)
scores._____(score3)
print("세 과목의 합계:", sum(scores))
```

📋 실행 결과

첫 번째 과목 점수는? 80
두 번째 과목 점수는? 90
세 번째 과목 점수는? 100
세 과목의 합계: 270

05. 리스트 요소 삭제하기

리스트의 remove() 함수를 이용하면 리스트의 요소를 삭제할 수 있어요.

```
12-9.py
File  Edit  Format  Run  Options  Window  Help

scores = [80, 70, 90, 100, 60]           ❶
print(scores)

scores.remove(70)                         ❷
print(scores)
```

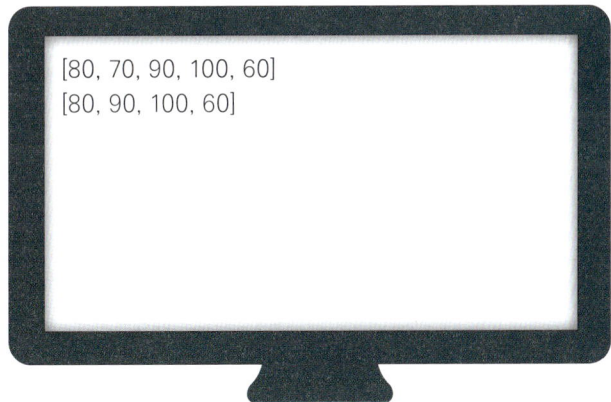

```
[80, 70, 90, 100, 60]
[80, 90, 100, 60]
```

❶ ```
scores = [80, 70, 90, 100, 60]
print(scores)
```

리스트 scores에 5개의 점수를 입력하고 scores를 출력합니다.

❷ ```
scores.remove(70)
print(scores)
```

리스트 scores의 요소 값이 70인 데이터를 삭제하고 scores 출력합니다.

remove() 함수도 append()와 마찬가지로 리스트에 소속된 함수이기 때문에 리스트 명.remove()와 같은 형태로 사용합니다.

직접 코딩해 보세요!

Q12-9. remove() 함수를 이용하여 리스트 member에서 전화번호를 삭제한 다음 전체 리스트를 출력하는 프로그램을 작성해 보세요.

```
member = ["홍지웅", 12, "용인", "010-1234-5678"]
```

🗏 실행 결과

['홍지웅', 12, '용인']

06. 리스트 정렬하기

리스트의 sort() 함수는 리스트 요소를 정렬하는 데 사용됩니다.

```
12-10.py
 File Edit Format Run Options Window Help

data = [2, 12, -15, 22, -3]
print(data)

data.sort()                                    ❶
print(data)

data.sort(reverse=True)                        ❷
print(data)
```

```
[2, 12, -15, 22, -3]
[-15, -3, 2, 12, 22]
[22, 12, 2, -3, -15]
```

❶ data.sort()

sort() 함수는 리스트 data의 요소들을 오름차순인 작은 값에서 큰 값 순으로 정렬합니다.

❷ data.sort(reverse=True)

sort() 함수에서 reverse를 True인 참 값으로 설정하면 요소들이 내림차순인 큰 값부터 작은 값 순으로 정렬됩니다.

직접 코딩해 보세요!

Q12-10. sort() 함수를 이용하여 리스트 fruits를 오름차순으로 정렬한 다음 출력해 보세요.

fruits = ["사과", "오렌지", "바나나", "딸기"]

📋 실행 결과

['딸기', '바나나', '사과', '오렌지']

07. 문자열 리스트로 변환하기

문자열의 split() 함수를 이용하여 문자열을 리스트로 변경하는 방법에 대해 알아볼까요?

```
12-11.py
File  Edit  Format  Run  Options  Window  Help

text = "사자 호랑이 여우"
words = text.split(" ")                    ❶
print(words)
print(words[0])                            ❷
print(words[1])
print(words[2])
```

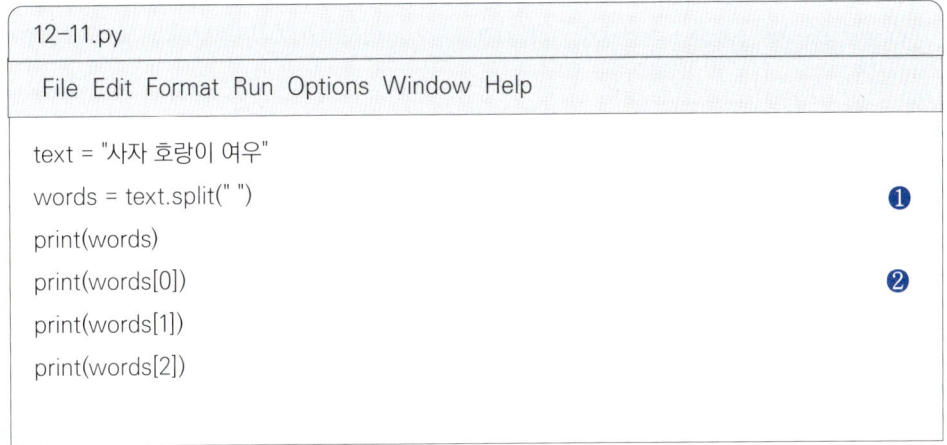

```
['사자', '호랑이', '여우']
사자
호랑이
여우
```

❶ words = text.split(" ")

text.split(" ")를 이용하여 문자열 text를 공백(" ")을 기준으로 분리한 다음 얻어진 리스트를 words에 저장합니다.

❷ print(words[0])
print(words[1])
print(words[2])

words[0], words[1], words[2]는 각각 리스트 words의 "사자", "호랑이", "여우"를 의미합니다.

직접 코딩해 보세요!

Q12-11. split() 함수를 이용하여 하이픈(-)이 포함된 년월일을 입력받아 월을 구하는 프로그램입니다. 밑줄을 채워보세요.

```
date = input("하이픈(-)이 포함된 년월일을 입력하세요.")
list1 = date._____("-")
print("월:", list1[_____])
```

📋 실행 결과

하이픈(-)이 포함된 년월일을 입력하세요. 2025-10-2
월: 10

직접 코딩해 보세요!

Q12-12. 리스트를 이용하여 세 개의 점수를 입력받아 평균을 구하는 프로그램입니다. 밑줄을 채워보세요.

```
numbers = []
for i in range(3):
    n = int(input(f"{_____+1}번째 점수 입력: "))
    numbers._____(n)

avg = sum(_____) / _____(numbers)
print(f"평균: {_____:.1f}")
```

실행 결과

1번째 점수 입력: 80
2번째 점수 입력: 90
3번째 점수 입력: 100
평균: 90.0

연습문제 12장. 리스트

E12-1. 성적을 입력받아 리스트에 저장한 다음 평균을 구하는 프로그램입니다. -1을 입력하면 입력이 종료됨. 밑줄을 채워 보세요.

```
score = int(input("성적을 입력하세요(종료 시 -1 입력) : "))
scores = []
while score != -1 :
    scores._____(score)
    score = int(input("성적을 입력하세요(종료 시 -1 입력) : "))
total = _____
for x in _____ :
    total += x

avg = total/_____(scores)
print(f"입력된 성적 : {_____}")
print(f"평균 : {_____:.2f}")
```

실행 결과

성적을 입력하세요(종료 시 -1 입력) : 70
성적을 입력하세요(종료 시 -1 입력) : 70
성적을 입력하세요(종료 시 -1 입력) : 80
성적을 입력하세요(종료 시 -1 입력) : -1
입력된 성적 : [70, 70, 80]
평균 : 73.33

E12-2. 리스트를 이용하여 영어 단어 퀴즈를 만드는 프로그램입니다. 밑줄을 채워 보세요.

```
questions = ["tr_in", "b_s", "_axi", "air_lane"]
answers  = ["a", "u", "t", "p"]
for i in range(len(_____)) :
    q = f"{questions[___]} 에서 밑줄(_) 안에 들어갈 알파벳은?"
    a = input(q)
    if a == _____[i] :
        print("정답입니다!")
    else :
        print("틀렸습니다!")
```

실행 결과

tr_in 에서 밑줄(_) 안에 들어갈 알파벳은? x
틀렸습니다!
b_s 에서 밑줄(_) 안에 들어갈 알파벳은? u
정답입니다!
axi 에서 밑줄() 안에 들어갈 알파벳은? t
정답입니다!
air_lane 에서 밑줄(_) 안에 들어갈 알파벳은? b
틀렸습니다!

E12-3. 40명의 학생 성적을 리스트에 저장한 다음, 점수 등급의 인원을 구하는 프로그램입니다. 밑줄을 채워 보세요.

```
scores = [65, 78, 55, 38, 98, 88, 77, 64, 100, 80,
         85, 98, 59, 99, 68, 87, 99, 46, 85, 93,
         85, 98, 59, 99, 68, 87, 99, 46, 85, 93,
         67, 99, 63, 79, 92, 80, 68, 62, 96, 84]

i = 0
count1 = ____
count2 = ____
count3 = ____
count4 = 0
count5 = 0

while i < len(scores) :
    if scores[___] >= 90:
        count1 += 1
    elif scores[___] >= 80:
        count2 += 1
    elif scores[___] >= 70:
        count3 += 1
    elif scores[___] >= 60:
        count4 += 1
    else :
        count5 += 1
    i += 1
```

```
print(f"90점 이상: {_____}명")
print(f"80점 이상: {_____}명")
print(f"70점 이상: {_____}명")
print(f"60점 이상: {count4}명")
print(f"59점 이하: {count5}명")
print(f"전체인원: {len(scores)}명")
```

📋 실행 결과

90점 이상: 13명
80점 이상: 10명
70점 이상: 3명
60점 이상: 8명
59점 이하: 6명
전체인원: 40명

13장
함수

01. 함수란?

print() 함수는 변수나 데이터를 화면에 출력, input() 함수는 키보드로 데이터를 입력, len() 함수는 문자열이나 리스트의 길이를 구하는 데 사용해요.

이와 같이 함수는 어떤 역할을 수행하는 프로그램 코드를 의미합니다.

함수는 어떤 역할을 수행!

1 함수의 종류

함수는 크게 두 가지로 나누어 볼 수 있어요.

❶ 내장 함수

함수의 기능이 파이썬 자체에 내장되어 있는 함수로 print(), input(), int(), str(), len(), append(), remove(), split() 등은 모두 내장 함수입니다.

❷ 사용자 함수

파이썬에서는 사용자가 직접 함수를 만들어서 사용할 수 있어요. 이와 같이 우리가 정의해서 사용하는 함수를 사용자 함수라고 해요.

이번 장에서는 주로 이 사용자 함수에 대해 공부합니다.

2 함수의 정의와 호출

사용자 함수에서는 먼저 함수를 정의한 다음 필요할 때 그 함수를 호출하여 사용합니다.

함수를 정의하고 호출하는 방법에 대해 알아볼까요?

```
13-1.py
File  Edit  Format  Run  Options  Window  Help

def hello() :                    ❶ ┐
    print("안녕!")                   ┘ 함수정의

hello()                          ❷ ┐
hello()                          ❸ ├ 함수호출
hello()                          ❹ ┘
```

(1) 함수 정의

❶　def hello() :
　　　└┘print("안녕!")

def는 'define(정의하다)'의 약어로 함수를 정의하는 데 사용합니다.

hello() 함수의 역할은 화면에 "안녕!"을 출력하는 것입니다.

(2) 함수 호출

❷　hello()

hello()는 ❶에서 정의된 hello() 함수를 호출합니다. 함수 호출이 일어나면 ❶의 함수 정의된 print("안녕!")을 실행합니다.

따라서 "안녕!"이 화면에 출력됩니다.

❸　hello()

hello() 함수를 재호출합니다. "안녕!"이 또 화면에 출력됩니다.

❹　hello()

hello() 함수를 또 다시 재호출합니다. "안녕!"이 다시 화면에 출력됩니다.

> **TIPS 프로그램의 진행 순서**
>
> ❷의 함수를 호출하는 곳에서 부터 프로그램이 시작되요.
>
> ❷ → ❶ → ❸ → ❶ → ❹ → ❶

프로그램 시작은 함수 호출부터!

hello() 함수를 10번 호출하려면 ❷~❹ 대신에 for문을 사용하여 다음과 같이 변경하면 됩니다.

```
13-2.py
File  Edit  Format  Run  Options  Window  Help

def hello() :
    print("안녕!")

for i in range(1, 11) :
    hello()
```

함수 엄청 편리하네~~~

```
안녕!
안녕!
안녕!
...
안녕!
```

이와 같이 hello() 함수를 한번만 정의해 놓으면 필요할 때 몇 번이든 그 함수를 호출하여 재사용할 수 있습니다.

직접 코딩해 보세요!

Q13-1. printName() 함수를 정의하여 자신의 이름을 5번 출력하는 프로그램을 작성해 보세요.

📋 실행 결과 예시

홍지수
홍지수
홍지수
홍지수
홍지수

02. 함수의 매개변수

함수의 매개변수를 통해 호출 함수에서 정의 함수로 변수나 값을 전달합니다.

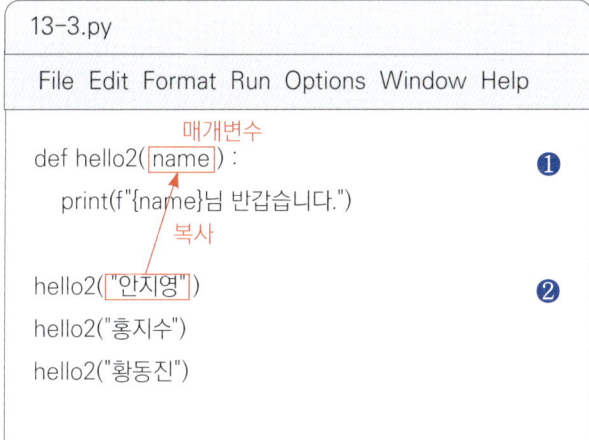

매개변수란?
호출 함수에서 정의 함수로 데이터 전달

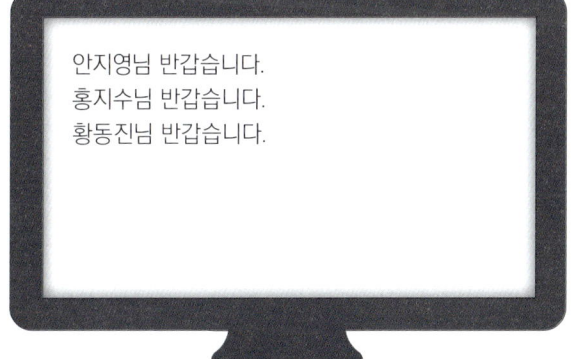

❷   hello2("안지영")

hello2("안지영")으로 함수가 호출되면 "안지영"이 ❶의 정의 함수 hello2()의 매개변수 name 에 복사됩니다.

따라서 실행 결과에서와 같이 "안지영"이 화면에 출력되요.

❶   def hello2(name) :
        print(f"{name}님 반갑습니다.")

호출 함수에서 전달 받은 매개변수를 이용하여 "###님 반갑습니다."를 화면에 출력합니다.

> **TIPS 매개변수란**
>
> 함수를 정의할 때, 정의 함수가 외부로부터 값을 받아오기 위해 선언하는 변수입니다.

밑줄을 채워 보세요!

Q13-2. 매개변수를 이용하여 이름을 입력받아 반복 출력하는 프로그램입니다. 밑줄을 채워 보세요.

```
def hi(x) :
    print(f"{_____}님 반갑습니다.")

for i in range(3) :
    name = input("이름을 입력하세요.")
    hi(_____)
```

실행 결과 예시

이름을 입력하세요. 김영수
김영수님 반갑습니다.
이름을 입력하세요. 이채린
이채린님 반갑습니다.
이름을 입력하세요. 홍예림
홍예림님 반갑습니다.

이번에는 함수를 이용하여 두 수의 합을 구하는 프로그램을 작성해 볼까요?

```
13-4.py
File  Edit  Format  Run  Options  Window  Help

def add(a, b) :
    print(a + b)

add(10, 20)
add(30, 40)
```

add(10, 20)에서 함수가 호출되면 정의 함수 add(a,b)가 실행되어 print(a + b)에 의해 30이 출력됩니다.

같은 방식으로 add(30,40)은 70을 화면에 출력합니다.

03. 함수의 반환 값

이번에는 함수의 반환 값을 이용하여 제곱 값을 구하는 프로그램을 작성해 볼까요?

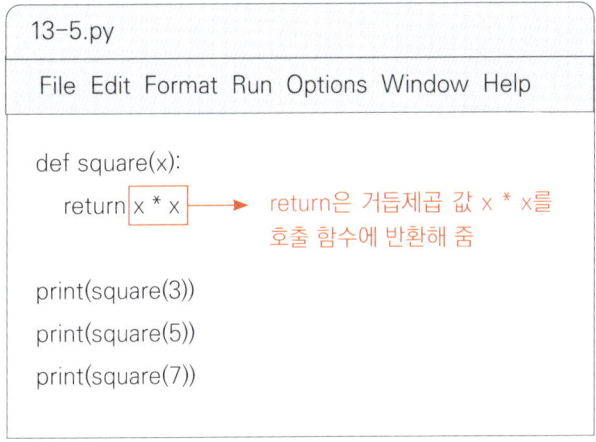

```
13-5.py
File Edit Format Run Options Window Help

def square(x):
    return x * x      → return은 거듭제곱 값 x * x를
                        호출 함수에 반환해 줌

print(square(3))
print(square(5))
print(square(7))
```

반환 값이란?
return으로 호출 함수로 값을 반환!

```
9
25
49
```

square(3)에서 함수가 호출되면 정의 함수 square(x)가 실행되어 return 문장에 의해 x * x, 즉 x의 거듭제곱 값인 9가 호출 함수 suare(3)에 반환됩니다.

print(square(3))에서 square(3)는 9 값을 가집니다. 따라서 실행 결과에서와 값이 9가 출력됩니다. 같은 방식으로 square(5)와 square(7)은 각각 25와 49를 출력합니다.

이번에는 함수를 이용하여 삼각형의 넓이를 구하는 프로그램을 작성해 볼까요?

```
13-6.py
File  Edit  Format  Run  Options  Window  Help

def triangle(a, b):
    x = a * b / 2
    return x

w = int(input("삼각형의 가로의 길이를 입력하세요 : "))
h = int(input("삼각형의 높이를 입력하세요 : "))
area = triangle(w, h)
print(f"삼각형의 넓이: {area}")
```

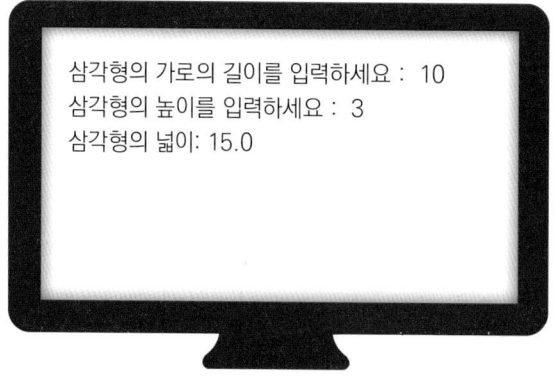

```
삼각형의 가로의 길이를 입력하세요 : 10
삼각형의 높이를 입력하세요 : 3
삼각형의 넓이: 15.0
```

삼각형의 가로의 길이와 높이를 입력받아 각각 w와 h에 저장합니다.

triangle(w, h)에서 함수 호출이 일어나면, 정의 함수 triangle(a, b)가 실행되어 얻어진 삼각형의 넓이를 나타내는 변수 x의 값을 반환합니다.

함수 호출 후에 triangle(w, h)은 정의 함수에서 반환된 변수 x의 값을 가집니다. 이 값을 area에 저장하기 때문에 최종적으로 변수 area는 삼각형의 넓이 값을 가집니다.

직접 코딩해 보세요!

Q13-3. 사용자 함수(rect)를 정의하여 사각형의 가로(w)와 세로 길이(h)를 입력받아 사각형의 넓이(area)를 구하는 프로그램을 작성해 보세요.

📋 실행 결과 예시

사각형의 가로 길이를 입력하세요 : 8
사각형의 세로 길이를 입력하세요 : 5
사각형의 넓이: 40

Q13-4. 사용자 함수(pyung)를 정의하여 평행사변형의 밑변의 길이(w)와 높이(h)를 입력받아 평행사변형의 넓이(area)를 구하는 프로그램을 작성해 보세요.

📋 실행 결과 예시

평행사변형의 밑변 길이를 입력하세요 : 10
평행사변형의 높이를 입력하세요 : 6
평행사변형의 넓이: 60

04. 짝수/홀수 판별하기

이번에는 함수를 이용하여 어떤 수가 짝수인지 홀수인지를 판별하는 프로그램을 작성해 볼까요?

```
13-7.py
File  Edit  Format  Run  Options  Window  Help

def even(n) :                                           ❶
    if n % 2 == 0 :
        result = "짝수"
    else :
        result = "홀수"
    return result

num = int(input("양의 정수를 입력하세요 : "))
print(f"{num}은(는) { even(num) }입니다.")              ❷
```

```
양의 정수를 입력하세요 : 12
12은(는) 짝수입니다.
```

❶
```
def even(n) :
    if n % 2 == 0 :
        result = "짝수"
    else :
        result = "홀수"
    return result
```

even() 함수를 정의합니다.

n을 2로 나눈 나머지가 0이면 result에 "짝수"를 입력하고, 그렇지 않으면 result에 "홀수"를 입력합니다.

return 명령으로 변수 result의 값을 함수 값으로 반환합니다.

❷   print(f"{num}은(는) { even(num) }입니다.")

even(num)은 ❶에서 정의된 함수를 호출합니다. 이 때 변수 num의 값이 정의 함수의 매개 변수 n에 복사됩니다.

even(num)이 호출되고 난 다음 정의 함수 even()이 실행되면, even(num)은 반환 값인 result의 값을 가집니다.

따라서 실행 결과에서와 같은 결과가 출력됩니다.

밑줄을 채워 보세요!

Q13-5. 사용자 함수를 이용하여 입력된 정수가 3의 배수인지 아닌지를 판별하는 프로그램을 작성하세요. 밑줄을 채워 보세요.

```
def _____(____) :
   if x _____ 3 == 0 :
       message = "배수입니다."
   else :
       message = "배수가 아닙니다."
   _____ message

num = int(input("양의 정수를 입력하세요."))
result = besu3(_____)
print(f"{_____}은(는) 3의 {_____}")
```

📋 실행 결과 예시

양의 정수를 입력하세요. 6
6은(는) 3의 배수입니다.

밑줄을 채워 보세요!

Q13-6. 사용자 함수를 이용하여 리스트에서 짝수 요소를 출력하는 프로그램입니다. 밑줄을 채워 보세요.

```
def getEven(numbers):
    even_list = []
    for n in _____:
        if _____ % 2 == 0:
            even_list.append(n)
    return _____

data = [1, 2, 3, 4, 5, 6]
print("짝수 리스트:", _____(data))
```

📋 실행 결과

짝수 리스트: [2, 4, 6]

밑줄을 채워 보세요!

Q13-7. 사용자 함수를 이용하여 리스트에서 5의 배수의 개수를 세는 프로그램입니다. 밑줄을 채워 보세요.

```
def count5(_____):
    count = 0
    for n in numbers:
        if n % ____ == 0:
            count += _____
    return _____

data = [12, 15, 3, 10, 9, 11, 20, 33, 5]
print(f"5의 배수 개수: {count5(_____)}개")
```

📋 실행 결과

5의 배수 개수: 4개

05. 정수 합계 구하기

사용자 함수를 이용하여 정수의 합계를 구하는 프로그램은 다음과 같아요.

```
13-8.py
 File  Edit  Format  Run  Options  Window  Help

def total(start, end) :                              ❶
    sum = 0
    for i in range(start, end+1) :
        sum += i
    return sum

print(total(1, 10))                                  ❷
print(total(200, 300))                               ❸
```

```
55
25250
```

❶   def total(start, end) :
        sum = 0
        for i in range(start, end+1) :
            sum += i
        return sum

total() 함수를 정의합니다. total(start, end)는 start~end 범위의 정수 합계 sum을 구해서 그 값을 반환합니다.

❷   print(total(1, 10))

total(1, 10)은 ❶에서 정의된 total() 함수를 호출합니다. 이 때 1과 10이 각각 함수의 매개변수 start와 end로 복사됩니다. for문에 의해 1 ~ 10까지의 정수 합계 sum의 값 55가 호출 함수 측에 반환됩니다.

print(total(1, 10))는 total(1,10)의 값인 55를 출력합니다.

❸   print(total(200, 300))

❷에서와 같은 방식으로 total(200, 300)은 total() 함수를 호출하여 200에서 300까지의 정수 합계인 25250 값을 가집니다.

print(total(200, 300))은 total(200, 300)의 값인 25250을 출력합니다.

연습문제 13장. 함수

E13-1. 키보드로 입력된 정수의 절댓값을 구하는 프로그램입니다. 밑줄을 채워 보세요.

```
def _____(_____):
    _____ n < 0 :
        return -n
    _____ :
        return n

x = int(input("정수를 입력하세요 : "))
result = abc(x)
print(result)
```

🗏 실행 결과 예시

정수를 입력하세요 : -5
5

E13-2. 정수를 입력 받아 완전제곱수인지를 판별하는 프로그램입니다. 밑줄을 채워 보세요.

완전제곱수란?
어떤 정수(보통 자연수)를 제곱하여 만들어지는 수입니다.
예를들어 1,4,9,16,25.. 등은 완전제곱수입니다.

```
def _____(____):
    is_square = False
    for i in range(1, x+1):
        if _____**2 == x:
            is_square = True
            break
    return _____

n = int(input("양의 정수를 입력하세요 :"))

_____ square(n) :
    print("완전제곱수입니다.")
_____ :
    print("완전제곱수가 아닙니다.")
```

실행 결과 예시

양의 정수를 입력하세요 : 25
완전제곱수입니다.

E13-3. 구하고자 하는 배수를 입력받아 1에서 100까지 그 배수의 합계를 구하는 프로그램입니다. 밑줄을 채워 보세요.

```
def _____(n) :
    sum = 0
    for i in range(1, 101) :
        if i _____ n == 0 :
            sum += i
    return _____

besu = int(input("구하고자 하는 배수는?"))
total = sumBesu(_____)
print(f"1~100 {besu}의 배수의 합계: {total}")
```

📋 실행 결과 예시

구하고자 하는 배수는? 5
1~100 5의 배수의 합계: 1050

E13-4. 인치를 센티미터로 변환하는 환산표를 만드는 프로그램입니다. 밑줄을 채워 보세요.

```
def inch2cm(___) :
    y = x*2.54
    return ____

print("-" * 30)
print("     인치    센티미터")
print("-" * 30)
for inch in range(10, 51, 5) :
    print(f"{_____:10.0f} {_____(inch):10.1f}")
print("-" * 30 )
```

📋 실행 결과

```
------------------------------
     인치    센티미터
------------------------------
     10       25.4
     15       38.1
     20       50.8
     ...
     45      114.3
     50      127.0
------------------------------
```

14장

터틀 그래픽
- 그래픽 기초 -

01. 터틀 그래픽이란?

파이썬에서 거북이(Turtle)는 실제 거북이가 움직이듯이 화면에 그림을 그립니다. 컴퓨터 화면에서 거북이는 검은색 화살표(또는 거북이 모양)으로 스크린에 흔적을 남기듯이 그림을 그리게 됩니다.

터틀 그래픽(Turtle Graphic)은 파이썬 그래픽의 기초를 배우는 데 많은 도움을 줍니다. 이번 장을 통해 터틀 그래픽의 기초를 익혀 봅시다.

■ turtle 모듈 사용하기

터틀 그래픽을 사용하기 위해서는 파이썬에서 turtle 모듈을 사용하게 됩니다. 파이썬에서 모듈(Module)은 프로그램에서 사용되는 유용한 함수와 같은 것들을 모아 놓은 것입니다.

파이썬에서 turtle 모듈은 다음과 같이 import 명령을 사용하여 불러올 수 있습니다.

```
import turtle
```

또는

```
import turtle as t
```

> 터틀 그래픽에는 turtle 모듈이 필요하당~~

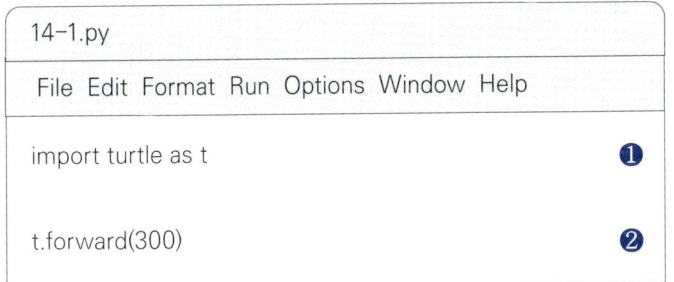

📋 실행 결과

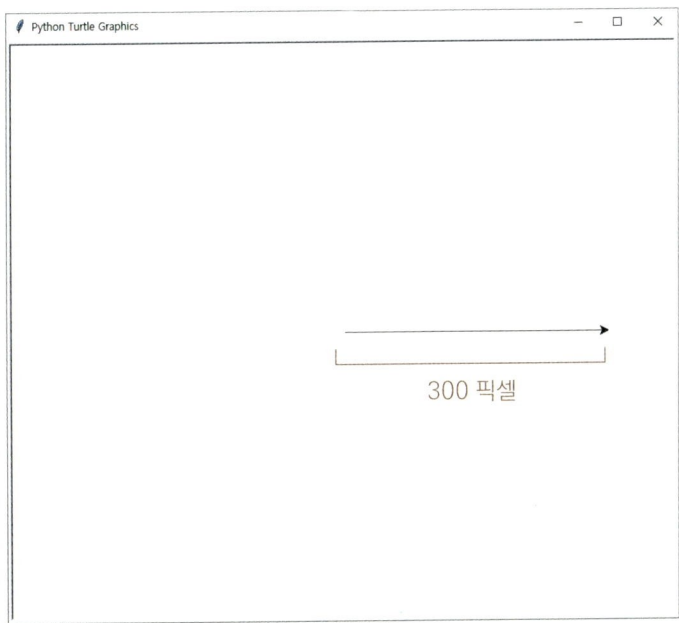

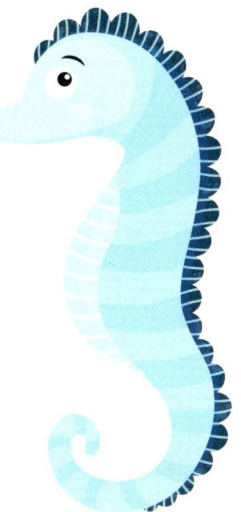

❶   import turtle as t

turtle 모듈을 불러옵니다. 여기서 t는 turtle 대신에 사용할 별칭입니다.

이렇게 turtle 모듈을 불러오면 ❷에서와 같이 t.forward()와 같이 turtle 모듈에서 정의되어 있는 forward() 함수를 사용할 수 있게 됩니다.

❷   t.forward(300)

forward() 함수는 실행 결과에서와 같이 화살표를 스크린 중앙에서 오른쪽으로 움직이게 합니다.

forward(300)은 중앙의 화살표를 오른쪽으로 300 픽셀 거리로 이동 시킵니다.

> **TIPS 픽셀이란?**
>
> 픽셀(pixel)은 우리 말로 '화소'라고 합니다. 픽셀은 컴퓨터나 휴대폰의 액정 화면에서 그림이나 글자를 표시하는 데 사용되는 최소 단위인 점(dot)을 말합니다.
>
> 화면 전체의 화소 수가 많으면 많을수록 정밀하고 상세한 화면을 얻을 수 있습니다. 이를 '해상도가 높다'고 말합니다.
>
> 가로 해상도가 1600 픽셀인 컴퓨터 화면에서 800 픽셀 길이의 선을 그리면 화면의 절반인 50%를 차지하게 됩니다.

02. 기본 도형 그리기

1 정사각형 그리기

이번에는 앞 예제의 화살표 대신에 거북이로 정사각형을 그려 보겠습니다.

```
14-2.py
File  Edit  Format  Run  Options  Window  Help

import turtle as t

t.shape('turtle')        ❶
t.forward(200)           ❷
t.left(90)               ❸
t.forward(200)           ❹
t.left(90)
t.forward(200)           ❺
t.left(90)
t.forward(200)           ❻
```

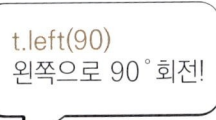

t.left(90)
왼쪽으로 90° 회전!

❶ t.shape('turtle')

t.shape('turtle')은 가운데 있는 검은색 화살표 대신에 실행 결과에 나타난 것과 같이 거북이를 화면에 표시합니다.

❷ t.forward(200)

화면의 가운데에서 오른쪽으로 200 픽셀 길이의 선을 그립니다.

❸ t.left(90)

왼쪽으로 90° 방향 전환합니다.

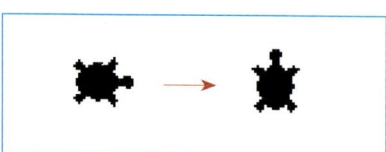

❹~❻ 선을 그리고 왼쪽으로 90° 방향 전환하는 방식으로 세 개의 선을 더 그리면 실행 결과에서와 같이 화면에 정사각형이 그려지게 됩니다.

📋 실행 결과

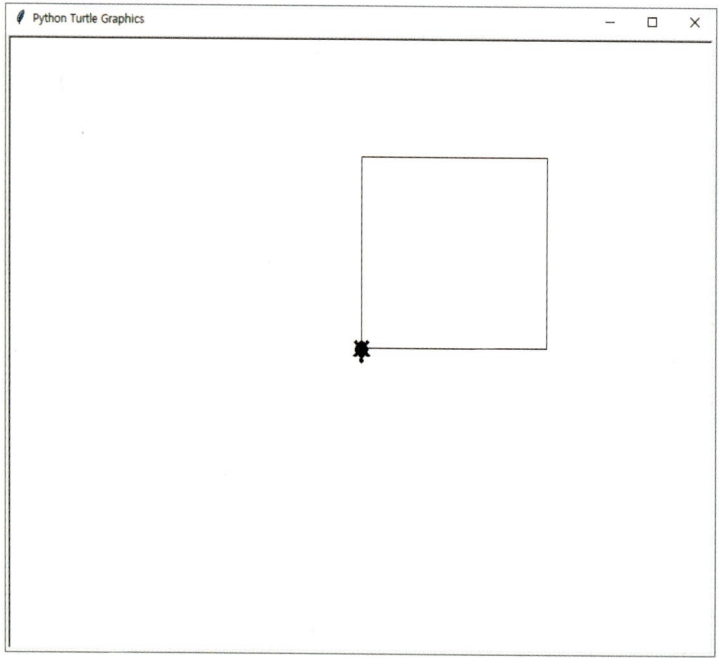

❷ 삼각형 그리기

이번에는 노란색 배경 화면에 삼각형을 그리는 예제를 살펴 봅시다.

```
14-3.py

import turtle as t
t.shape('turtle')
t.bgcolor('yellow')        ❶
t.pensize(5)               ❷

t.forward(200)             ❸
t.left(120)                ❹

t.speed(1)                 ❺
t.forward(200)

t.speed(10)                ❻
t.left(120)
t.forward(200)
```

t.bgcolor('yellow') 화면 배경 노란색!

❶   t.bgcolor('yellow')

t.bgcolor('yellow')는 실행 결과에서와 같이 화면의 배경색을 노란색으로 설정합니다.

※ 터틀 그래픽에서 사용되는 다양한 색상 이름에 대해서는 부록 색상표를 참고해 주세요.

❷   t.pensize(5)

펜의 굵기를 5 픽셀로 설정합니다.

📋 실행 결과

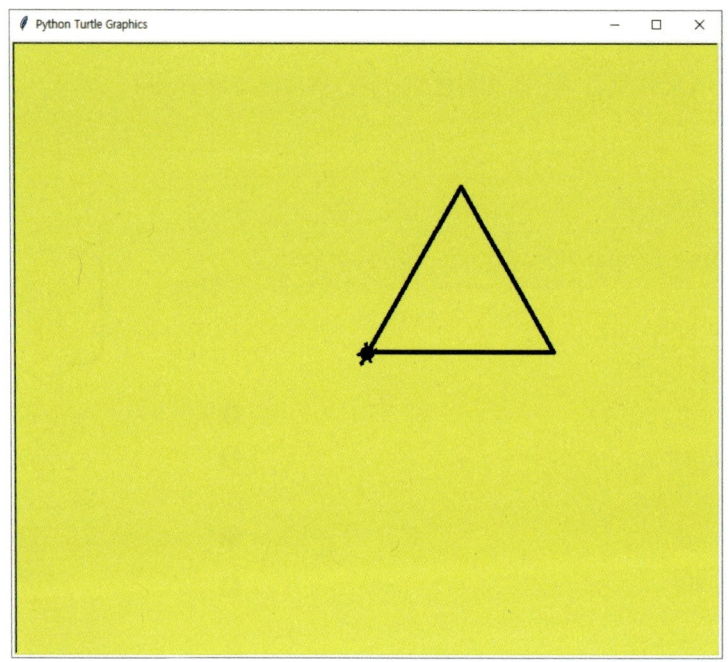

❸   t.forward(200)

200 픽셀의 길이로 선을 그립니다.

❹   t.left(120)

왼쪽으로 120° 방향 전환합니다. 120°씩 방향 전환하면서 선을 그리면 실행 결과에서와 같은 삼각형이 완성됩니다.

❺   t.speed(1)

t.speed(1)은 거북이가 움직이는 속도를 나타냅니다. 여기서 1은 가장 느린 속도, ❻의 speed(10) 에서와 같이 10은 빠른 속도를 나타냅니다.

t.speed() 함수를 설정하지 않을 경우에는 거북이는 기본 속도인 5로 움직입니다.

❸ 원 그리기

이번에는 원을 그리는 프로그램에 대해 공부해 볼까요?

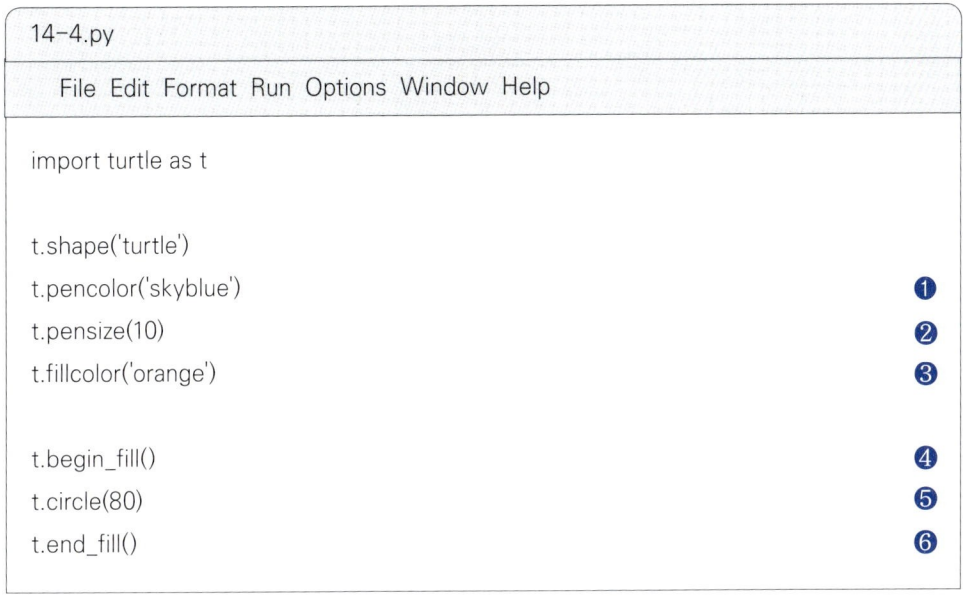

📋 실행 결과

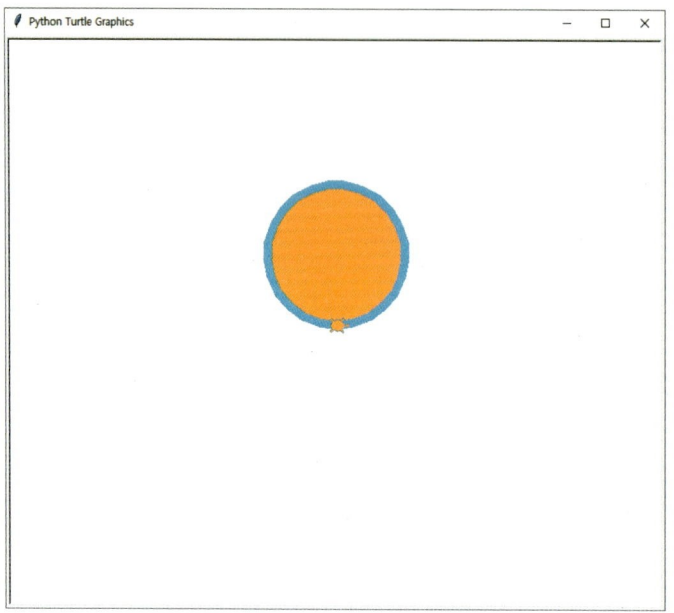

❶ t.pencolor('skyblue')

펜 색, 즉 선색을 하늘색으로 설정합니다.

❷ t.pensize(10)

펜 크기, 즉 선 두께를 10 픽셀로 설정합니다.

❸ t.fillcolor('orange')

면색을 오렌지색으로 설정합니다.

❹ t.begin_fill()

도형을 칠하기 전에 t.begin_fill() 함수를 호출하여 칠하기를 시작합니다.

❺   t.circle(80)

반지름이 80 픽셀인 원을 그립니다.

❻   t.end_fill()

t.begin_fill() 함수를 호출한 후 end_fill() 함수를 호출해 도형에 칠하기를 마칩니다.

4 정오각형 그리기

다음 예제를 통하여 하늘색 정오각형을 그리는 방법에 대해 공부해 봅시다.

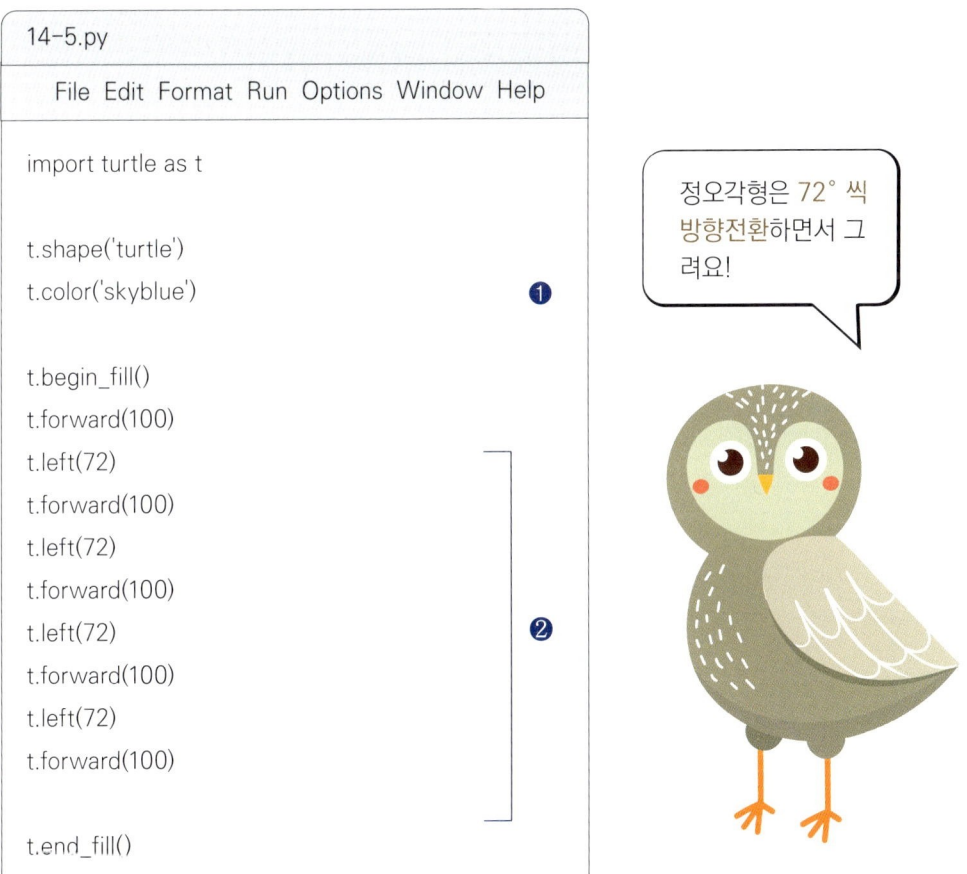

```
14-5.py

import turtle as t

t.shape('turtle')
t.color('skyblue')                    ❶

t.begin_fill()
t.forward(100)
t.left(72)
t.forward(100)
t.left(72)
t.forward(100)
t.left(72)                            ❷
t.forward(100)
t.left(72)
t.forward(100)

t.end_fill()
```

정오각형은 72°씩 방향전환하면서 그려요!

📋 실행 결과

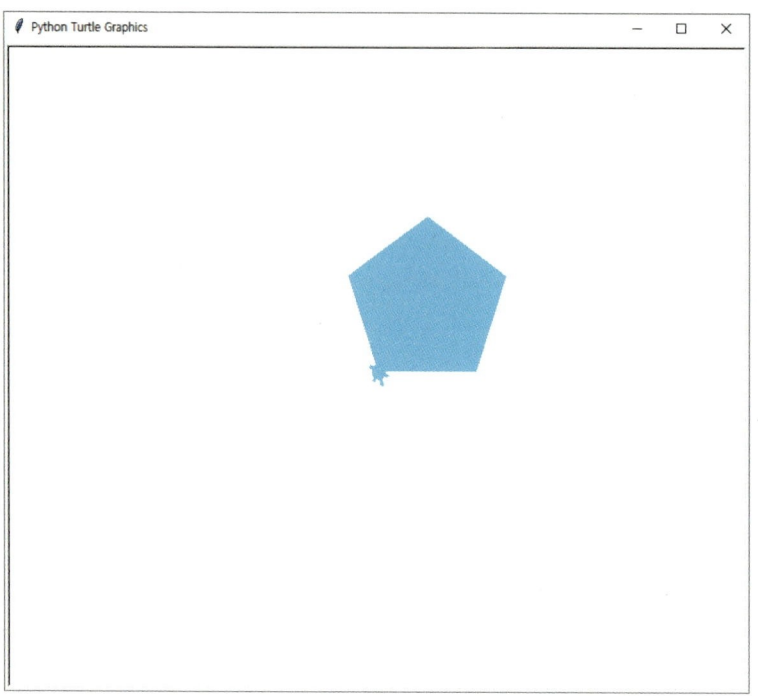

❶ t.color('skyblue')

t.color('skyblue')는 선색과 면색을 하늘색으로 설정합니다.

❷ t.forward(100)는 100 픽셀 길이의 선을 그립니다. 그리고 t.left(72)는 왼쪽으로 72° 방향 전환합니다.

이와 같은 방식으로 정오각형을 그릴 수 있습니다.

03. 안경 그리기

앞의 예제들에서는 거북이의 방향 전환(left()와 right() 함수)과 이동(forward() 함수)을 이용하여 기본 도형을 그려보았습니다.

다음 예제에서는 스크린의 좌표를 이용하여 하늘색 안경을 그리는 방법을 익혀 봅니다.

```
14-6.py
File  Edit  Format  Run  Options  Window  Help

import turtle as t

t.shape('turtle')
t.pensize(5)
t.color('skyblue')

t.circle(80)                    ❶

t.penup()                       ❷
t.goto(80,80)                   ❸
t.pendown()                     ❹

t.goto(120,80)                  ❺

t.penup()
t.goto(200,0)                   ❻
t.pendown()
t.circle(80)                    ❼
```

t.penup()
펜 들어올림. 그리기 없이 이동해요!

t.pendown()
펜 내림. 다시 그리기를 시작해요!

📑 실행 결과

❶   t.circle(80)

안경의 왼쪽 원(반지름:80픽셀)을 그립니다.

❷   t.penup()

t.penup() 함수는 펜을 들어 올립니다. 이렇게 하면 그리기 없이 펜만 이동시킬 수 있습니다.

❸   t.goto(80,80)

t.goto(80, 80) 함수는 펜을 x축 방향으로 80픽셀, y축 방향으로 80 픽셀 이동시킵니다. 터틀 그래픽의 좌표에 대해서는 다음 그림을 참고해 주세요.

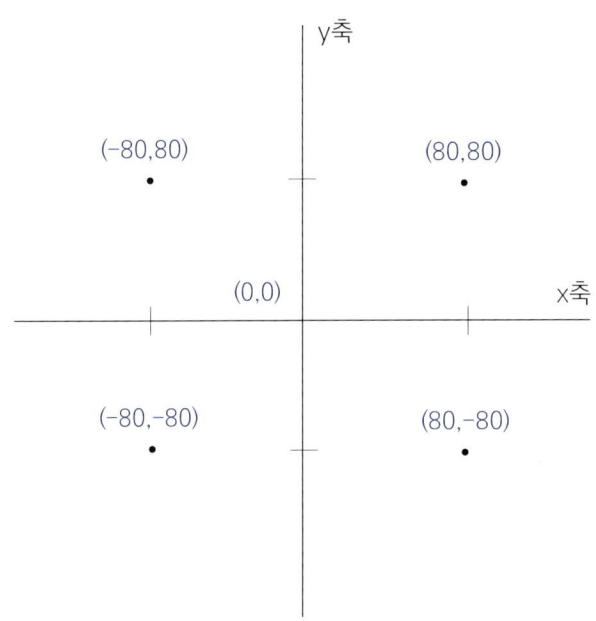

❹   t.pendown()

t.pendown() 함수는 펜을 내립니다. 이렇게 하여 그리기를 다시 시작합니다.

❺   t.goto(120,80)

t.goto(120,80)은 현재 좌표인 (80,80)에서 시작하여 다음 좌표(120,80)으로 선을 그립니다. 이 결과가 실행 결과의 안경 렌즈 사이에 있는 선입니다.

❻ 펜을 좌표 (200,0)로 이동시킨 다음 그릴 준비를 합니다.

❼   t.circle(80)

안경의 오른쪽 원을 그립니다.

04. 오륜기 그리기

다음 예제에서는 앞에서 배운 스크린의 좌표와 goto() 함수를 이용하여 오륜기를 그리는 방법에 대해 공부합니다.

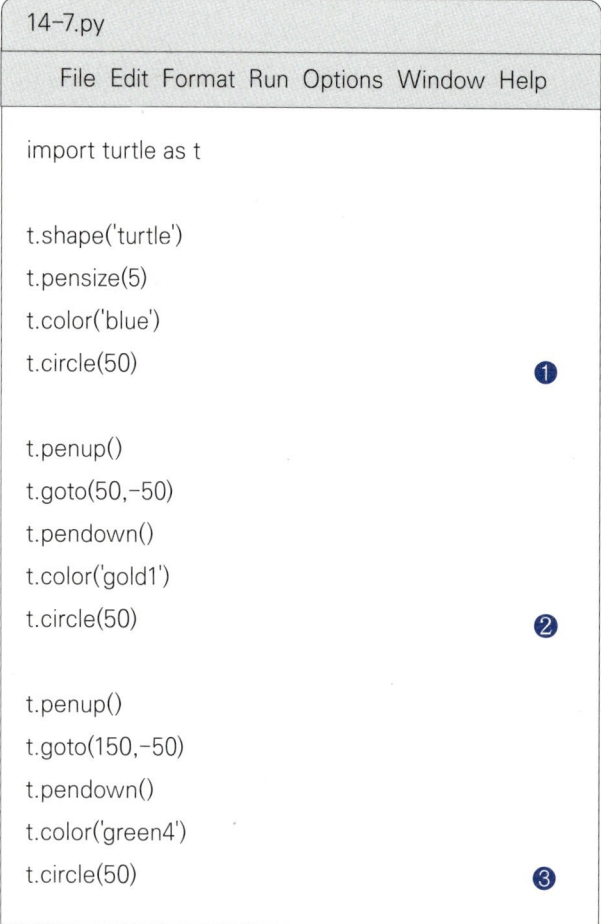

```
14-7.py
    File  Edit  Format  Run  Options  Window  Help

import turtle as t

t.shape('turtle')
t.pensize(5)
t.color('blue')
t.circle(50)                                    ①

t.penup()
t.goto(50,-50)
t.pendown()
t.color('gold1')
t.circle(50)                                    ②

t.penup()
t.goto(150,-50)
t.pendown()
t.color('green4')
t.circle(50)                                    ③
```

오륜기는 펜을 이동시키면서 원을 다섯 개 그리면 돼요!

```
t.penup()
t.goto(100,0)
t.pendown()
t.color('black')
t.circle(50)                                    ❹


t.penup()
t.goto(200,0)
t.pendown()
t.color('red')
t.circle(50)                                    ❺
```

📋 실행 결과

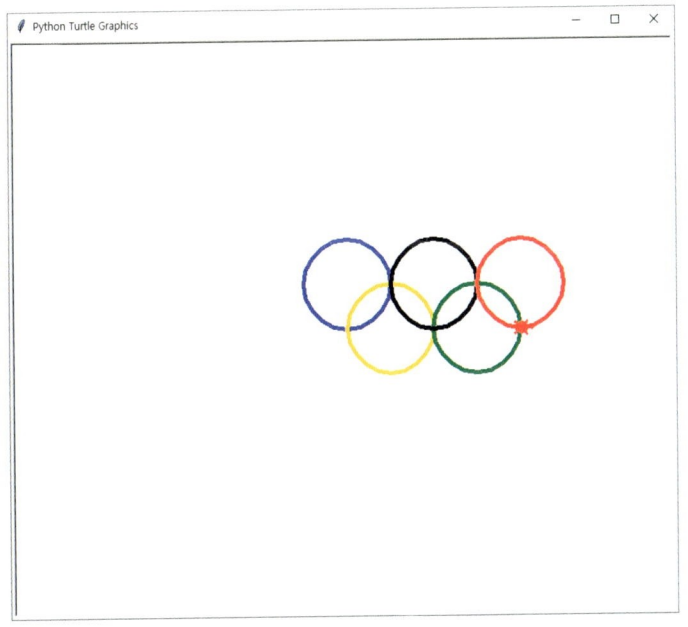

❶~❺의 t.circle(50)은 각각 오륜기의 각 원(반지름:50픽셀)을 그립니다. 펜을 이동시키면서 t.circle() 함수를 이용하여 원을 그리면 쉽게 오륜기를 그릴 수 있습니다.

연습문제 14장. 터틀 그래픽 : 그래픽 기초

E14-1. 터틀 그래픽을 이용하여 실행 결과에서와 같이 정삼각형 두 개를 그리는 프로그램입니다. 밑줄을 채워 보세요.

✅ 실행 결과

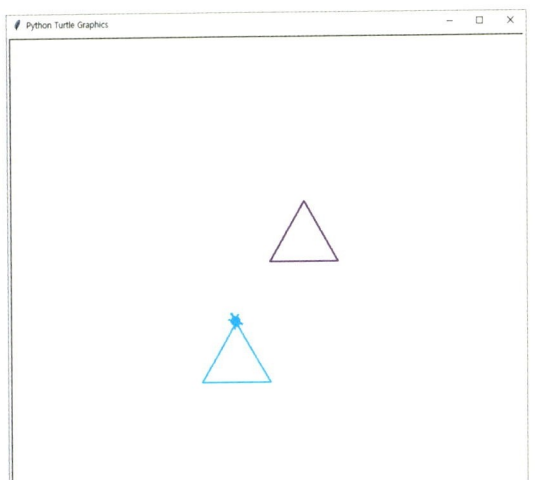

```
import turtle as t

t.shape('turtle')
t.color('purple')
t._____(3)

t.forward(100)
t.left(120)
t.forward(100)
```

t.left(120)
t.forward(100)

t._____()
t.forward(100)
t._____()

t.color('deepskyblue1')
t.forward(100)
t.left(120)
t.forward(100)
t.left(120)
t.forward(100)

E14-2. 터틀 그래픽을 이용하여 정육각형을 그리는 프로그램입니다. 밑줄을 채워 보세요.

 실행 결과

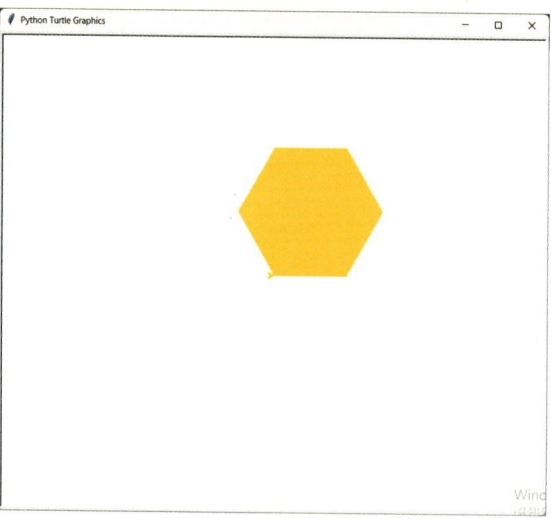

```
import turtle as t

t.shape('turtle')
t._____('gold')
t._____()

for i in range(6):
    t.forward(100)
    t.left(60)

t._____()
```

E14-3. 터틀 그래픽을 이용하여 N 자를 그리는 프로그램을 작성해 보세요.

✅ 실행 결과

E14-4. 터틀 그래픽을 이용하여 T 자를 그리는 프로그램을 작성해 보세요.

✅ 실행 결과

E14-5. 터틀 그래픽을 이용하여 눈사람을 그리는 프로그램을 작성해 보세요.

✅ 실행 결과

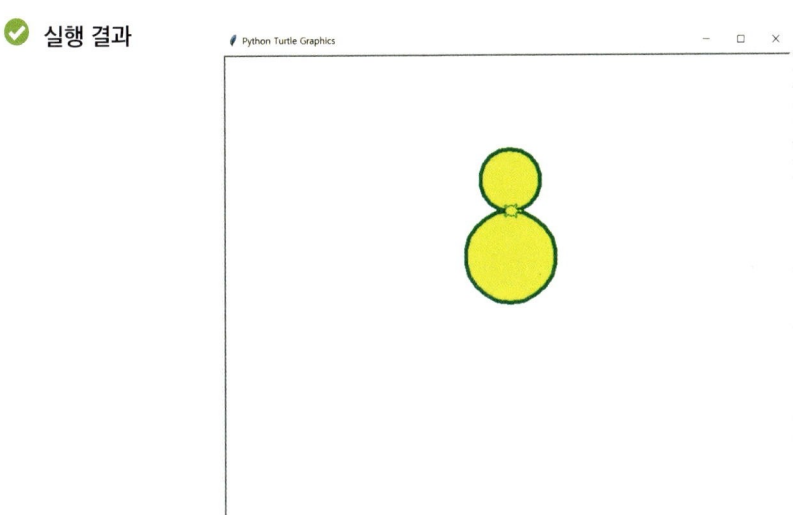

15장

터틀 그래픽
- 그래픽 응용 -

01. 조건문 활용

이번 장에서는 14장에서 배운 터틀 그래픽 기초에 파이썬의 조건문과 반복문을 활용하여 다양한 도형을 그리는 방법을 배웁니다.

다음은 if~ elif~ else~ 구문을 이용하여 사용자가 그리고자 하는 도형을 선택하면 그 도형을 화면에 그리는 프로그램입니다.

이 예제를 통하여 터틀 그래픽에 if문을 활용하는 방법을 익혀봅시다.

```
15-1.py
File  Edit  Format  Run  Options  Window  Help

import turtle as t

t.shape("turtle")
t.pencolor("skyblue")
t.fillcolor("yellow")
t.pensize(5)

figure = input("도형을 선택하시오.(원, 정삼각형, 정사각형) : ")

t.begin_fill()

if figure == "원":                                          ❶
    t.circle(50)
```

if문 조건식에서 그리고자하는 도형을 선택할 수 있어요!

위의 예제(turtle_if.py)를 실행하면 사용자가 세 가지 도형 중 하나를 선택하라는 메시지가 출력됩니다.

만약 키보드로 '정삼각형'을 입력하면 다음 그림에서와 같이 노란색 정삼각형이 화면에 그려집니다.

📋 실행 결과

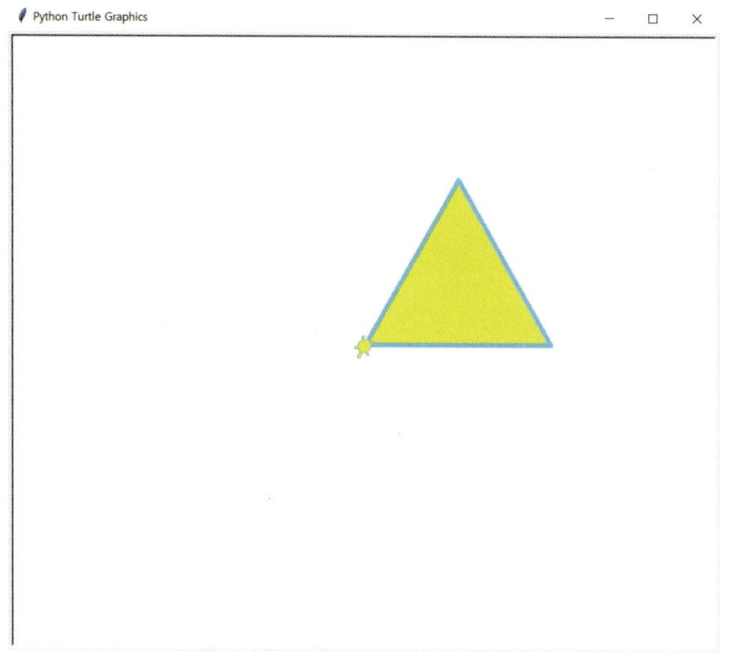

❶~❸ if~ elif~ else~ 구문을 이용하여 다양한 도형 중의 하나를 선택하게 하여 선택된 도형을 그립니다.

02. 반복문 활용

터틀 그래픽에서 반복되는 그리기 부분에 for문과 while문을 사용하면 간단하고 효율적으로 그림을 그릴 수 있습니다.

1 for문 활용

다음은 for문을 이용하여 정육각형을 그리는 프로그램입니다.

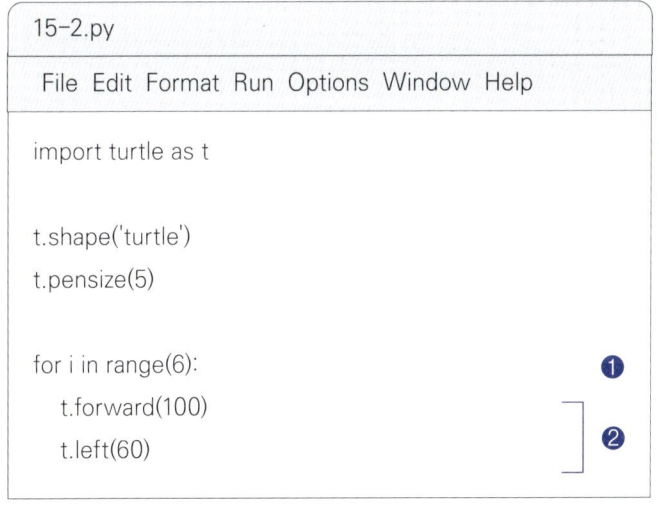

정육각형은 t.forward(100)과 t.left(60)을 반복하면 돼요!

❶   for i in range(6):

        range(6)에 의해 for 루프가 6회 반복 수행됩니다. 각 반복 루프에서 ❷의 두 문장을 반복 실행하여 다음의 실행 결과에서와 같이 정육각형을 그립니다.

📋 실행 결과

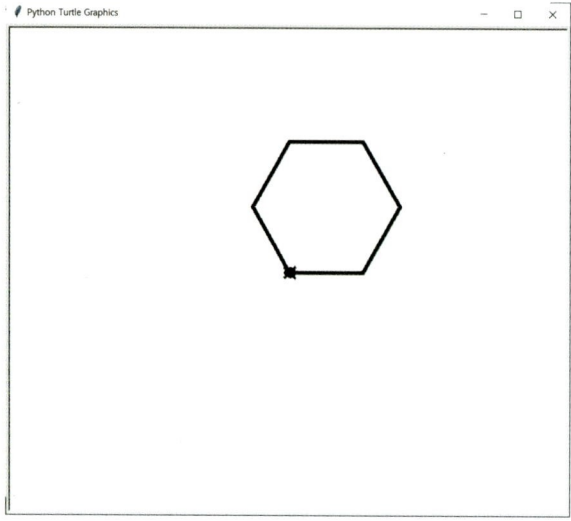

❷ while문 활용

이번에는 앞의 for문 대신 while문을 이용하여 정오각형을 그리는 방법에 대해 배워 봅시다.

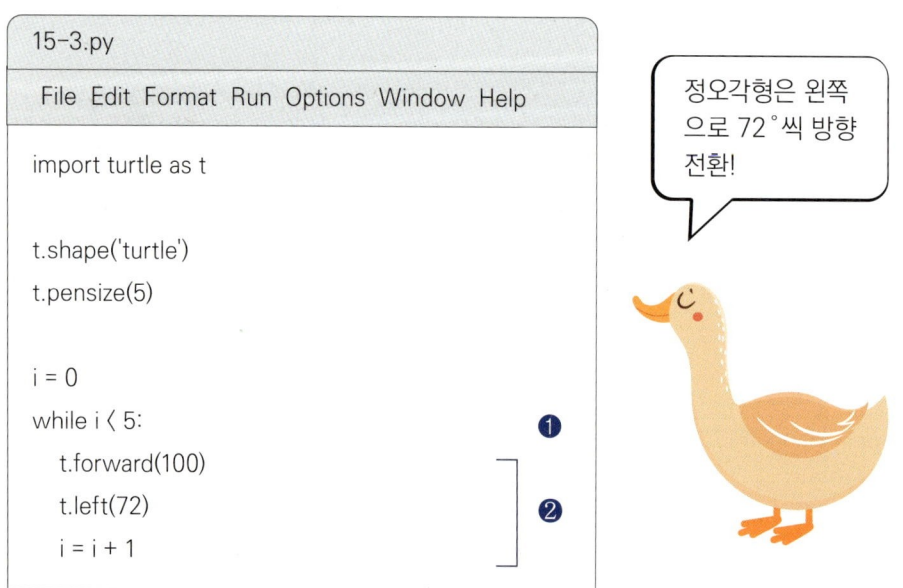

📋 실행 결과

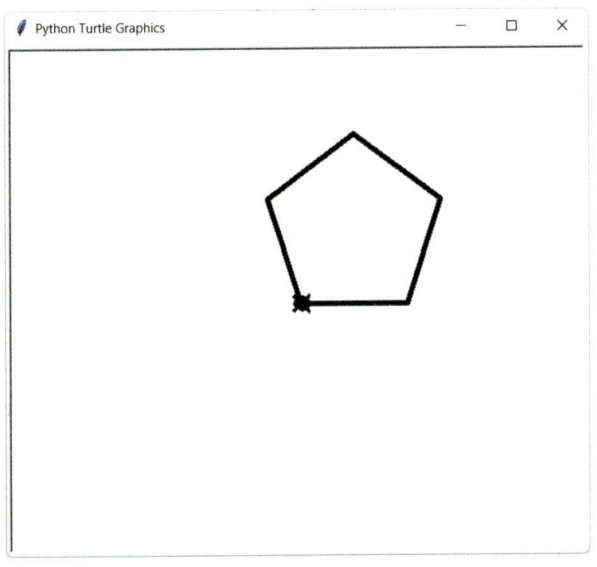

❶   while i < 5:

while 루프가 5회 반복 수행됩니다. 각 루프에서 ❷의 세 문장을 실행하면 위의 실행 결과에서 와 같이 정오각형이 그려집니다.

❷   t.forward(100)
     t.left(72)

 각 반복마다 t.forward() 함수로 선을 그린 다음 t.left(72)를 이용하여 거북이를 72°씩 왼쪽으로 방향 전환합니다. 이런 식으로 방향 전환해가면서 선을 그리면 실행 결과의 정오각형이 완성됩니다 .

03. 별 그리기

앞의 for문을 사용한 프로그램(turtle_for.py)에서 왼쪽으로 방향 전환 각도를 225˚로 하면 별을 그릴 수 있습니다.

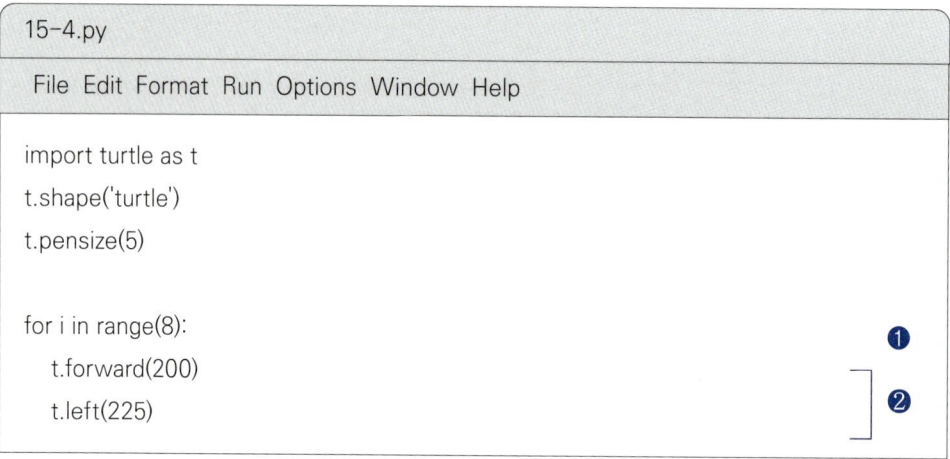

❶   for i in range(8):

range(8)에 의해 for 루프가 8회 반복 수행됩니다. 각 반복 루프에서 ❷의 두 문장을 반복 실행되면 실행 결과와 같은 별이 그려집니다.

❷   t.forward(200)
     t.left(225)

t.forward(200)으로 선을 그린다음 왼쪽으로 225˚ 방향 전환합니다.

📋 실행 결과

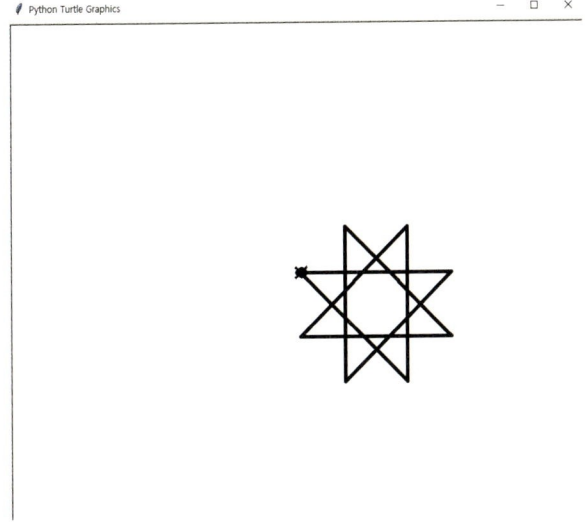

이번에는 이중 for문을 이용하여 위와 같은 별을 세 개 그려볼까요?

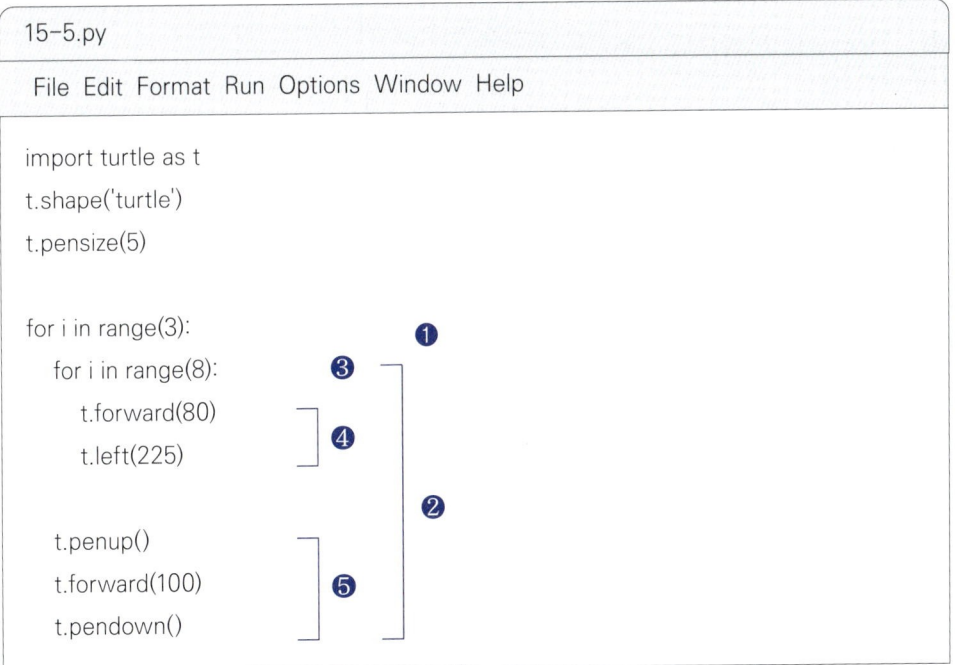

실행 결과

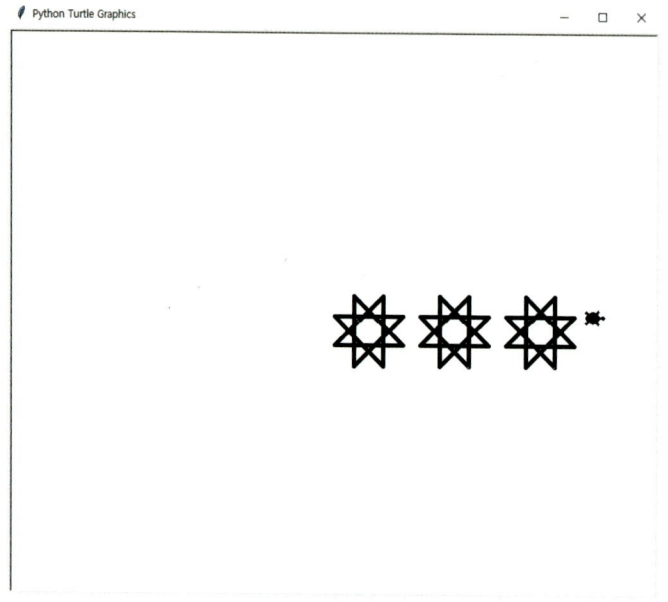

❶　　for i in range(3):

range(3)에 의해 for 루프가 3회 반복 수행됩니다. 각 반복 루프에서 ❷의 문장들이 실행됩니다. 각 반복 루프에서 실행 결과의 별을 하나씩 그리게 됩니다.

❸　　for i in range(8):

이 반복 루프는 8번 수행됩니다. 각 반복 루프에서 ❹의 문장들을 수행합니다. 즉, 각각의 별에 해당되는 선을 그리고 왼쪽으로 방향 전환합니다.

❺　　t.penup()
　　　t.forward(100)
　　　t.pendown()

각 별이 그려지면 펜을 뗀 상태로 거북이를 다음 지점으로 이동 시킨 다음 다시 그리기 준비를 합니다.

04. 오리 그리기

이번에는 앞에서 배운 터틀 그래픽의 함수들을 이용하여 다음 그림에서와 같은 오리 모양의 도형을 그리는 방법에 대해 공부합니다.

🗐 실행 결과

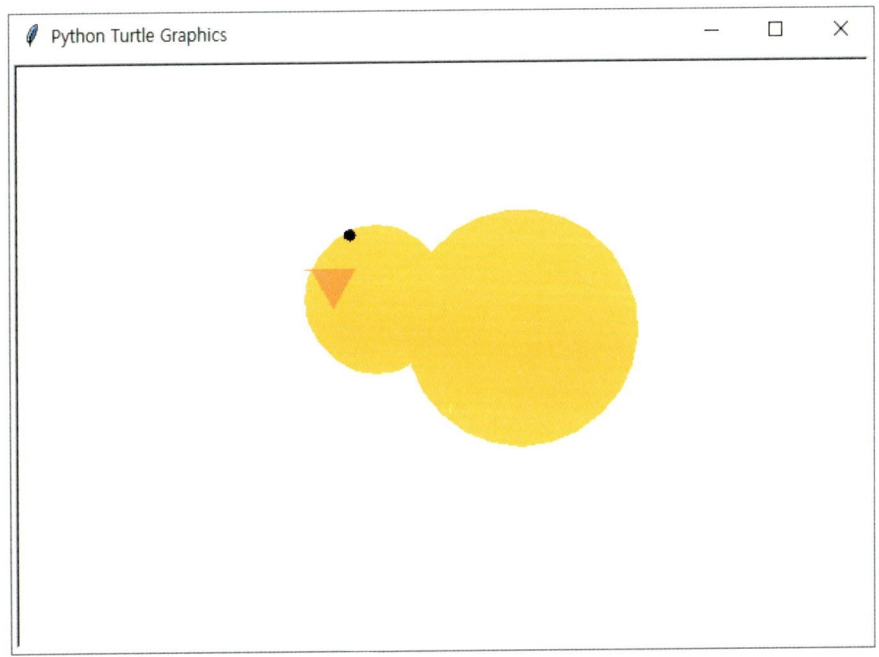

15-6.py

File Edit Format Run Options Window Help

```python
import turtle as t

t.setup(600, 400)
t.speed(9)
t.penup()

# ===== 색 설정 =====
t.pencolor('gold')
t.fillcolor('gold')

# ===== 몸통 =====
t.goto(50, -60)    # 몸통 원의 중심 위치 조정
t.pendown()
t.begin_fill()
t.circle(80)       # 반지름 80짜리 원
t.end_fill()
t.penup()

# ===== 머리 =====
t.goto(-50, 40-50) # 머리 중심 아래로 이동(반지름 50)
t.pendown()
t.begin_fill()
t.circle(50)
t.end_fill()
t.penup()
```

샵(#)은 프로그램의 설명 글이에요!

```
# ===== 부리 =====
t.pencolor('orange')
t.fillcolor('orange')
t.goto(-100, 60)
t.setheading(0)
t.pendown()
t.begin_fill()
t.forward(35)
t.right(120)
t.forward(30)
t.right(120)
t.forward(30)
t.end_fill()
t.penup()

# ===== 눈 =====
t.goto(-65, 85)
t.pencolor('black')
t.fillcolor('black')
t.pendown()
t.begin_fill()
t.circle(4)
t.end_fill()
t.penup()
```

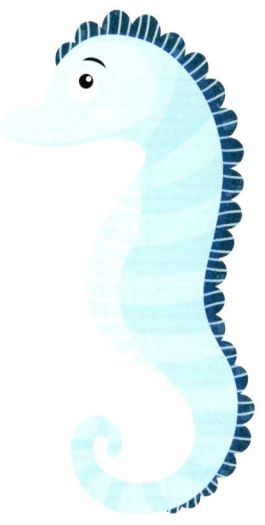

오리 그리기 재미 있당!

몸통 그리기
큰 원을 그려요. begin_fill()과 end_fill() 사이에 그리면 자연스럽게 채워져요.

머리 그리기
몸통보다 조금 작은 원이에요. 위쪽에 붙여서 오리처럼 보여요.

부리 그리기
삼각형으로 만들어요. setheading(0)으로 방향을 오른쪽으로 맞추니, 어디서 그려도 모양이 일정해요.

눈 표현하기
아주 작은 검은 원이에요. 머리 위쪽에 콕 찍어요.

펜 들기/내리기
penup()이면 선이 그려지지 않아요. pendown()이면 선이 그려져요. 이동할 때는 들고, 그릴 때는 내려요.

색 정하기
pencolor()는 선색, fillcolor()는 채움색이에요.

05. random 모듈 활용

파이썬에서 random 모듈은 게임, 그래픽 등의 프로그램에서 무작위 수(Random number)를 발생시킵니다.

간단하게 무작위 수를 발생시키는 간단한 예를 살펴 볼까요?

```
15-7.py

import random

for i in range(3):
    x = random.randint(1, 6)          ❶
    print(x)

for i in range(3):
    x = random.random()               ❷
    print(x)
```

❶ random.randint(1, 6)

random 모듈의 randint() 함수는 정수 범위의 무작위 수를 발생시키는 데 사용됩니다. random.randint(1, 6)은 다음의 실행 결과에 나타난 것과 같이 1에서 6까지의 정수 중 하나의 무작위 수를 발생시킵니다.

❷ random.random()

random.random() 함수는 0과 1사이에서 하나의 무작위 실수를 발생시킵니다.

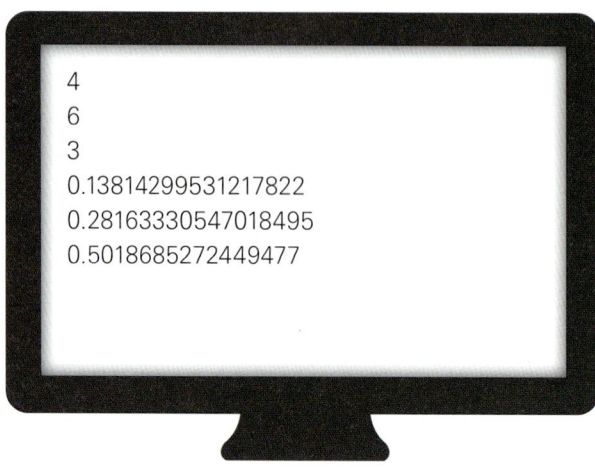

먼저 random 모듈을 이용하여 간단하게 무작위 수를 발생시키는 간단한 예를 살펴 볼까요?

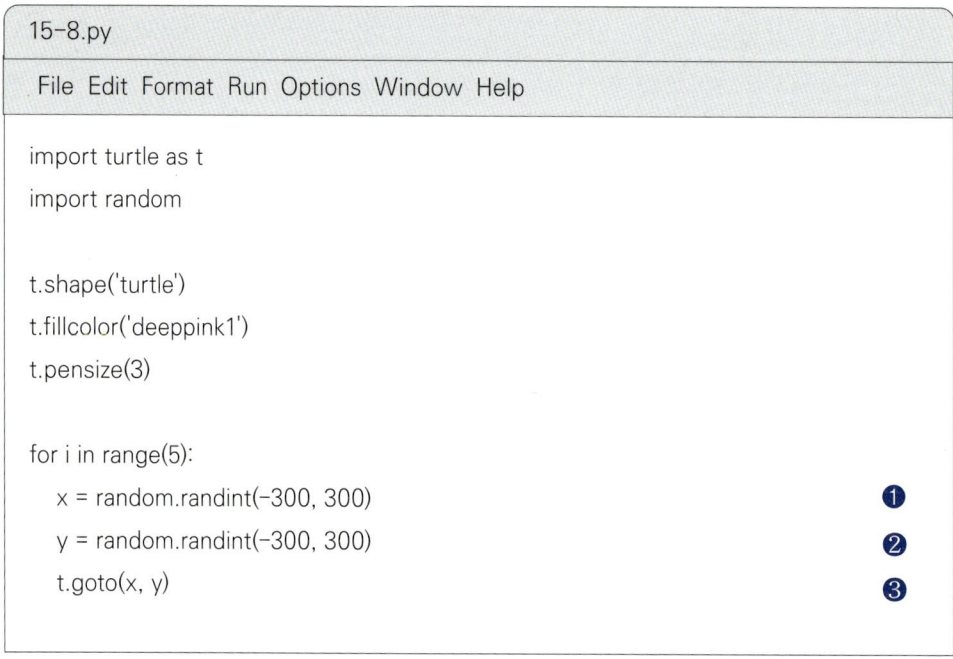

```
15-8.py
 File  Edit  Format  Run  Options  Window  Help

import turtle as t
import random

t.shape('turtle')
t.fillcolor('deeppink1')
t.pensize(3)

for i in range(5):
    x = random.randint(-300, 300)       ❶
    y = random.randint(-300, 300)       ❷
    t.goto(x, y)                        ❸
```

📋 실행 결과

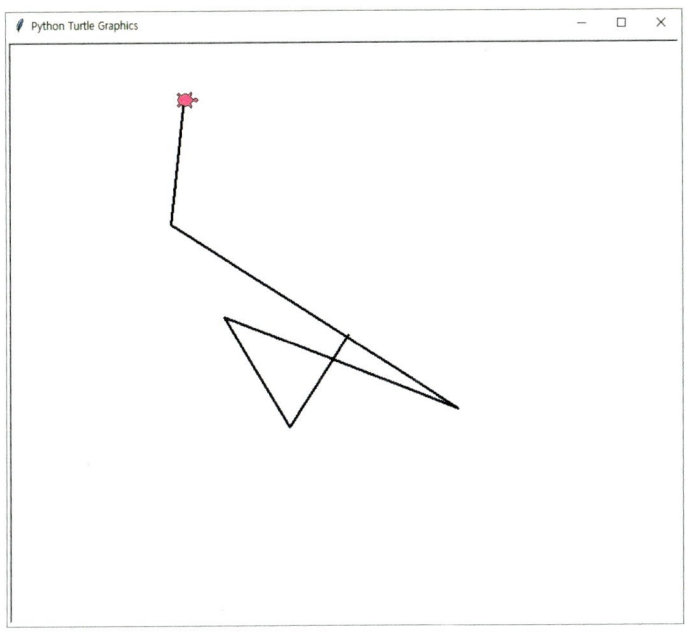

❶   x = random.randint(-300, 300)

random.randint(-300, 300)은 -300에서 300까지의 정수 중 무작위 수 하나를 얻습니다. 이값을 변수 x에 저장합니다. 이 변수 x는 이동하는 지점의 x 좌표로 사용됩니다.

❷   y = random.randint(-300, 300)

❶에서와 같은 방식으로 -300에서 300까지의 정수 중 무작위 수 하나를 얻어 이동할 지점의 y 좌표를 의미하는 변수 y에 저장합니다.

❸   t.goto(x, y)

현재 위치에서 좌표 (x, y)로 이동합니다. 이렇게 함으로써 실행 결과의 선들이 그려지게 됩니다.

이번에는 앞의 프로그램(turtle_random1.py)를 확장하여 다양한 색상의 선을 그려 볼까요?

```
15-9.py
File  Edit  Format  Run  Options  Window  Help

import turtle as t
import random

t.shape('turtle')
t.fillcolor('deeppink1')
t.pensize(3)
t.speed(9)

for i in range(100):
    x = random.randint(-300,300)
    y = random.randint(-300,300)

    r = random.random()
    g = random.random()          ❶
    b = random.random()

    t.pencolor(r, g, b)          ❷
    t.goto(x, y)                 ❸
```

❶ random.random() 함수는 0에서 1사이의 실수 값을 얻는 데 사용됩니다. random.random() 함수를 이용하여 0에서 1사이의 실수 값을 각각 변수 r, 변수 g, 변수 b에 저장합니다.

이 변수들은 ❷에서 t.pencolor(r, g, b)를 이용하여 선 색상을 설정하는 데 사용됩니다.

📋 실행 결과

❷   t.pencolor(r, g, b)

t.pencolor(r, g, b)를 이용하여 ❶에서 얻은 RBG 색상으로 펜 색상, 즉 선 색상을 설정합니다.

❸   t.goto(x, y)

t.goto(x, y)는 거북이를 현재 지점에서 이동할 지점의 좌표 (x, y)도 이동시킵니다. 이 함수에 의해 실행 결과의 선들이 그려집니다.

연습문제 15장. 터틀 그래픽 : 그래픽 응용

E15-1. 터틀 그래픽에 if문과 for문을 사용하여 별 모양의 도형을 그리는 프로그램입니다. 밑줄을 채워 보세요.

✅ 실행 결과

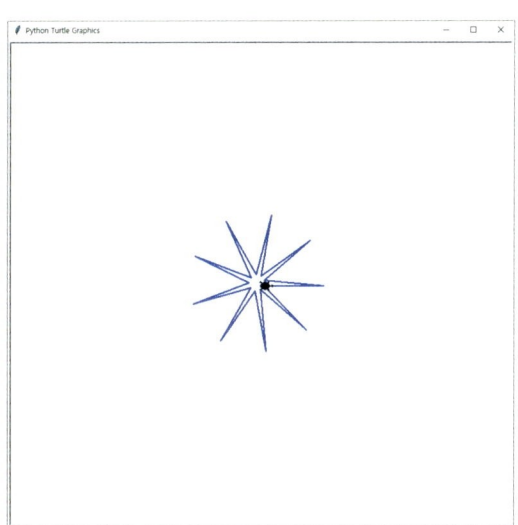

```
import turtle as t

t.showturtle()
t.shape("turtle")
t.pencolor('blue')
t._____(3)
```

```
for x in range(18):
    t._____(100)
    if x % 2 == 0:
        t._____(175)
    else:
        t.left(225)
```

E15-2. 터틀 그래픽에 if문과 for문을 사용하여 지그재그 선을 그리는 프로그램입니다. 밑줄친 부분을 채워 보세요.

 실행 결과

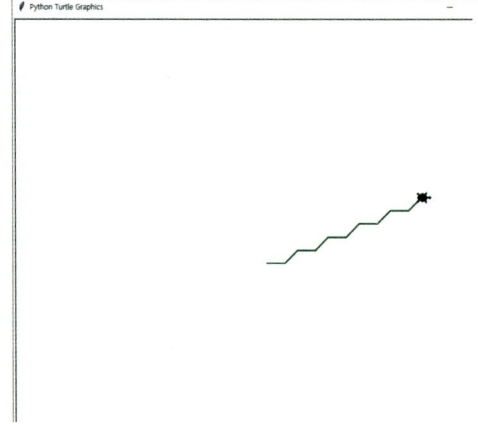

```
import turtle as t

t.showturtle()
t.shape("turtle")
t.pencolor("green")
t.pensize(3)
```

```
for x in range(10):
    if _____ == 0:
        t.forward(30)
        t.left(45)
    else:
        t.forward(30)
        t._____(45)
```

E15-3. 터틀 그래픽에 for문을 사용하여 정사각형을 그리는 프로그램을 작성해 보세요.

 실행 결과

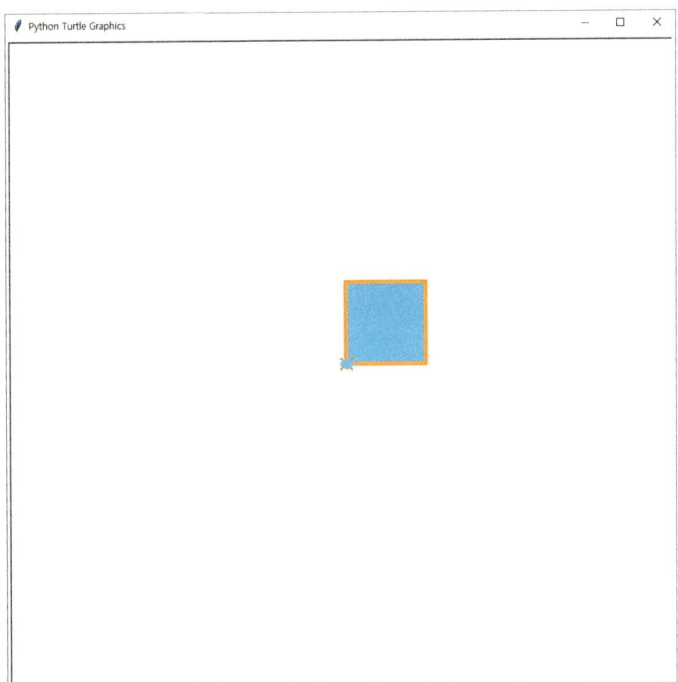

E15-4. 터틀 그래픽에 for문을 사용하여 별 모양을 그리는 프로그램을 작성해 보세요.

✅ 실행 결과

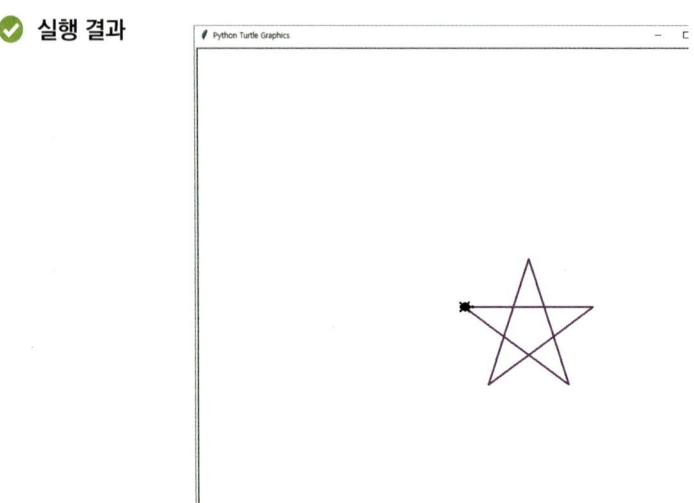

E15-5. 터틀 그래픽에 while문을 사용하여 실행 결과에서와 같은 도형을 그리는 프로그램을 작성하시오.

✅ 실행 결과

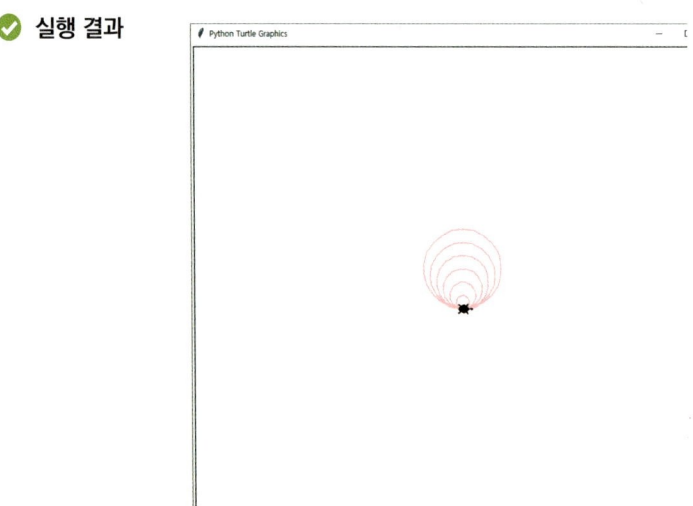

E15-6. 터틀 그래픽에 for문을 사용하여 실행 결과에서와 같이 정사각형 도형을 세 개 그리는 프로그램을 작성하시오.

✅ 실행 결과

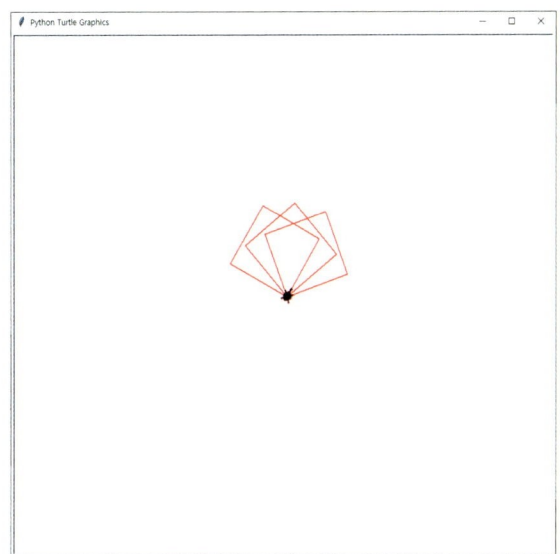

부록

터틀 그래픽 색상표

터틀 그래픽 색상표

AliceBlue	bisque3	CadetBlue	CornflowerBlue	DarkGrey	DarkSeaGreen
AntiqueWhite	bisque4	CadetBlue1	cornsilk	DarkKhaki	DarkSeaGreen1
AntiqueWhite1	black	CadetBlue2	cornsilk1	DarkMagenta	DarkSeaGreen2
AntiqueWhite2	BlanchedAlmond	CadetBlue3	cornsilk2	DarkOliveGreen	DarkSeaGreen3
AntiqueWhite3	blue	CadetBlue4	cornsilk3	DarkOliveGreen1	DarkSeaGreen4
AntiqueWhite4	blue1	chartreuse	cornsilk4	DarkOliveGreen2	DarkSlateBlue
aquamarine	blue2	chartreuse1	cyan	DarkOliveGreen3	DarkSlateGray
aquamarine1	blue3	chartreuse2	cyan1	DarkOliveGreen4	DarkSlateGray1
aquamarine2	blue4	chartreuse3	cyan2	DarkOrange	DarkSlateGray2
aquamarine3	BlueViolet	chartreuse4	cyan3	DarkOrange1	DarkSlateGray3
aquamarine4	brown	chocolate	cyan4	DarkOrange2	DarkSlateGray4
azure	brown1	chocolate1	DarkBlue	DarkOrange3	DarkSlateGrey
azure1	brown2	chocolate2	DarkCyan	DarkOrange4	DarkTurquoise
azure2	brown3	chocolate3	DarkGoldenrod	DarkOrchid	DarkViolet
azure3	brown4	chocolate4	DarkGoldenrod1	DarkOrchid1	DeepPink
azure4	burlywood	coral	DarkGoldenrod2	DarkOrchid2	DeepPink1
beige	burlywood1	coral1	DarkGoldenrod3	DarkOrchid3	DeepPink2
bisque	burlywood2	coral2	DarkGoldenrod4	DarkOrchid4	DeepPink3
bisque1	burlywood3	coral3	DarkGray	DarkRed	DeepPink4
bisque2	burlywood4	coral4	DarkGreen	DarkSalmon	DeepSkyBlue

DeepSkyBlue2	gold1	gray100	IndianRed1	LavenderBlush4	LightGoldenrod
DeepSkyBlue3	gold2	green	IndianRed2	lawngreen	LightGoldenrod1
DeepSkyBlue4	gold3	green1	IndianRed3	LawnGreen	LightGoldenrod2
DimGray	gold4	green2	IndianRed4	lemonchiffon	LightGoldenrod3
DimGrey	goldenrod	green3	ivory	LemonChiffon	LightGoldenrod4
DodgerBlue	goldenrod1	green4	ivory1	LemonChiffon1	LightGoldenrodYellow
DodgerBlue1	goldenrod2	GreenYellow	ivory2	LemonChiffon2	LightGray
DodgerBlue2	goldenrod3	honeydew	ivory3	LemonChiffon3	LightGreen
DodgerBlue3	goldenrod4	honeydew1	ivory4	LemonChiffon4	LightGrey
DodgerBlue4	gray	honeydew2	khaki	LightBlue	LightPink
firebrick	gray0	honeydew3	khaki1	LightBlue1	LightPink1
firebrick1	gray10	honeydew4	khaki2	LightBlue2	LightPink2
firebrick2	gray20	hotpink	khaki3	LightBlue3	LightPink3
firebrick3	gray30	HotPink	khaki4	LightBlue4	LightPink4
firebrick4	gray40	HotPink1	lavender	LightCoral	LightSalmon
FloralWhite	gray50	HotPink2	lavenderblush	LightCyan	LightSalmon1
ForestGreen	gray60	HotPink3	LavenderBlush	LightCyan1	LightSalmon2
gainsboro	gray70	HotPink4	LavenderBlush1	LightCyan2	LightSalmon3
GhostWhite	gray80	indianred	LavenderBlush2	LightCyan3	LightSalmon4
gold	gray90	IndianRed	LavenderBlush3	LightCyan4	LightSeaGreen

터틀 그래픽 색상표

LightSkyBlue	magenta	MediumPurple3	NavajoWhite4	orchid1	PapayaWhip
LightSkyBlue1	magenta1	MediumPurple4	navy	orchid2	PeachPuff
LightSkyBlue2	magenta2	MediumSeaGreen	NavyBlue	orchid3	PeachPuff1
LightSkyBlue3	magenta3	MediumSlateBlue	OldLace	orchid4	PeachPuff2
LightSkyBlue4	magenta4	MediumSpringGreen	OliveDrab	PaleGoldenrod	PeachPuff3
LightSlateBlue	maroon	MediumTurquoise	OliveDrab1	PaleGreen	PeachPuff4
LightSlateGray	maroon1	MediumVioletRed	OliveDrab2	PaleGreen1	peru
LightSlateGrey	maroon2	midnightblue	OliveDrab3	PaleGreen2	pink
LightSteelBlue	maroon3	MidnightBlue	OliveDrab4	PaleGreen3	pink1
LightSteelBlue1	maroon4	MintCream	orange	PaleGreen4	pink2
LightSteelBlue2	MediumAquamarine	MistyRose	orange1	PaleTurquoise	pink3
LightSteelBlue3	MediumBlue	MistyRose1	orange2	PaleTurquoise1	pink4
LightSteelBlue4	MediumOrchid	MistyRose2	orange3	PaleTurquoise2	plum
LightYellow	MediumOrchid1	MistyRose3	orange4	PaleTurquoise3	plum1
LightYellow1	MediumOrchid2	MistyRose4	OrangeRed	PaleTurquoise4	plum2
LightYellow2	MediumOrchid3	moccasin	OrangeRed1	PaleVioletRed	plum3
LightYellow3	MediumOrchid4	NavajoWhite	OrangeRed2	PaleVioletRed1	plum4
LightYellow4	MediumPurple	NavajoWhite1	OrangeRed3	PaleVioletRed2	PowderBlue
LimeGreen	MediumPurple1	NavajoWhite2	OrangeRed4	PaleVioletRed3	purple
linen	MediumPurple2	NavajoWhite3	orchid	PaleVioletRed4	purple1

purple2	salmon1	SkyBlue	snow4	thistle4	wheat3
purple3	salmon2	SkyBlue1	SpringGreen	tomato	wheat4
purple4	salmon3	SkyBlue2	SpringGreen1	tomato1	white
red	salmon4	SkyBlue3	SpringGreen2	tomato2	WhiteSmoke
red1	SandyBrown	SkyBlue4	SpringGreen3	tomato3	yellow
red2	SeaGreen	SlateBlue	SpringGreen4	tomato4	yellow1
red3	SeaGreen1	SlateBlue1	SteelBlue	turquoise	yellow2
red4	SeaGreen2	SlateBlue2	SteelBlue1	turquoise1	yellow3
RosyBrown	SeaGreen3	SlateBlue3	SteelBlue2	turquoise2	yellow4
RosyBrown1	SeaGreen4	SlateBlue4	SteelBlue3	turquoise3	YellowGreen
RosyBrown2	seashell	SlateGray	SteelBlue4	turquoise4	
RosyBrown3	seashell1	SlateGray1	tan	violet	
RosyBrown4	seashell2	SlateGray2	tan1	VioletRed	
RoyalBlue	seashell3	SlateGray3	tan2	VioletRed1	
RoyalBlue1	seashell4	SlateGray4	tan3	VioletRed2	
RoyalBlue2	sienna	SlateGrey	tan4	VioletRed3	
RoyalBlue3	sienna1	snow	thistle	VioletRed4	
RoyalBlue4	sienna2	snow1	thistle1	wheat	
SaddleBrown	sienna3	snow2	thistle2	wheat1	
salmon	sienna4	snow3	thistle3	wheat2